Die schönsten Marien-gebete

Reinhard Abeln
Adalbert L. Balling

Die schönsten Marien-gebete

Reinhard Abeln
Adalbert L. Balling

kbw bibelwerk

Gesamtgestaltung: Finken & Bumiller, Stuttgart
Druck und Bindung: Finidr s.r.o., Lípová 1965,
737 01 Český Těšín, Czech Republic
Verlag: Verlag Katholisches Bibelwerk GmbH,
Silberburgstraße 121, 70176 Stuttgart

www.bibelwerk.de
ISBN 978-3-460-25520-3

Inhaltsverzeichnis

Ein Wort zuvor

Eine in Jahrtausenden bewährte Hilfe, um mit Sorgen und Leid im Leben fertig zu werden, ist das Gebet zur Gottesmutter. Wie viele Menschen, die keinen Ausweg mehr wussten, sich in einer »Sackgasse« befanden, haben ihr »Kreuz« vor die Mutter Jesu getragen – mit der Bitte: »O Maria, hilf mir! Zeige mir einen Weg, wie ich mit allem, was mich drückt, fertig werden kann!«

Auch wir dürfen unsere Nöte und Sorgen, Kümmernisse und Verzagtheiten vor die Mutter des Herrn tragen und sie um Hilfe und Fürsprache bei ihrem Sohn bitten. Vielleicht werden wir dann erfahren, dass wir wieder festen Boden unter den Füßen bekommen, dass wir mehr Kraft erhalten, um mit allem Schweren in unserem Leben besser zurechtzukommen.

Maria ist nicht nur die Mutter des Herrn, sie ist auch unsere Mutter. Keine Frau der Welt wurde von Gott so geehrt, begnadet und gesegnet wie sie. Wer darum weiß und sich immer wieder im Gebet an die »Himmelskönigin« wendet, wird erkennen, dass das Leben – auch das sinnloseste, das verschwiegenste – einen

Sinn haben kann; dass Sinnlosigkeit und Dunkel nicht das letzte Wort im menschlichen Leben haben müssen.

Liebe Leserin, lieber Leser,
für alle, die den Weg zur Gottesmutter gehen und bei ihr Schutz und Geborgenheit finden möchten, bietet dieses Buch eine gute Auswahl ansprechender Texte: Gebete der Kirche, in denen sich die Erfahrungen der Jahrhunderte widerspiegeln; Texte großer Beter und Heiliger, bekannter Dichter, Künstler und Wissenschaftler.

Vielleicht wird der eine oder andere von diesen Texten angeregt, selber wieder zum persönlichen Beten zu finden. Was wir für unser Beten brauchen, ist nur ein wenig Zeit und – ein wenig Stille. Denn auch hier gilt, wie für alles im Leben: »Nur wenn du stille bist, kann dir geholfen werden« (Johann Wolfgang von Goethe).

Reinhard Abeln

Adalbert Ludwig Balling

Einführung: »Gebt mir eure Sorgen«

Unsere Mama hat sich ihr Leben lang gesorgt. Gesorgt um ihre Familie, um unseren Papa (er wurde Anfang September 1939 zum Militär eingezogen; erkrankte nach dem Krieg und starb 52-jährig, als wir Kinder zwischen 11 und 19 Jahre alt waren) und dann sorgte sie sich um alle von uns – erst um die kleinen, später auch um die »großen Kinder«; schließlich um deren Familien und um ihre (Mamas) Enkel ... Oft schien sie uns, mehr durch ihr Beispiel als durch Worte, sagen zu wollen: »Gebt mir eure Sorgen!«, um diese dann im Gebet Gott weiterzureichen, Gott und den Heiligen, allen voran der Gottesmutter Maria.

Mama war zeitlebens eine glühende Marienverehrerin. Nein, nicht theologisch gesehen; die kirchlichen Dogmen und die theologischen Auseinandersetzungen kannte sie nicht. Sie war vielmehr geprägt von einer tiefen Volksfrömmigkeit; und von einer Marienminne, wie sie sich vor allem im Brauchtum der Kirche darbot. Kein Marienfest, das sie nicht mitfeierte, kaum ein Marienlied, das ihr nicht bekannt gewesen wäre! Immer wieder sang sie Marienlieder – oder summte sie leise vor sich hin, wenn sie im Haus ihren Arbeiten nachging. Unsere Mama war felsenfest davon überzeugt, die Gottesmutter als Fürsprecherin auch in ihren Alltagssorgen zur Seite zu haben.

»Gebt mir eure Sorgen!« – So sagen viele Mütter in aller Welt zu ihren Kindern. So verhält sich auch Maria, die Himmelskönigin, uns Menschen gegenüber. Sie ist jederzeit willens, unsere Sorgen, unsere Ängste, unsere Nöte ihrem göttlichen Sohn anzuvertrauen und bei ihm Fürsprache zu erbitten.

Es waren schon immer die Mütter, die ihren Kindern das Beten lehrten. Mutter Teresa sagte vor Jahren einmal, sie erinnere sich recht gut an ihre Eltern; wie ihre Mutter und ihr Vater zusammen mit den Kindern beteten: »Das Gebet ist Gottes größtes Geschenk für eine Familie. Es hält die Einheit der Familie aufrecht. Eine Familie, die nicht betet, hält auch nicht zusammen. Durch das Gebet erkennen wir, was Gott von uns will.«

So zu beten, zum Beispiel, die Heiligen um ihre Fürsprache zu bitten – das kann man nicht lernen – wie man lernt, mit einem Computer umzugehen. Das lernt man am allerbesten in der eigenen Familie.

Auch kann man andere nicht zum Beten delegieren, ohne jede eigene Anstrengung und Mühe. Beten kann man auch nicht lernen, wie man Fremdsprachen lernt; oder wie sonst eine Fingerfertigkeit. Beten muss zur Chefsache jedes Menschen werden; solches Beten »müssen wir entdecken als eine Regung unseres eigenen Wesens« (Bernardin Schellenberger).

Vielleicht kann auch dieses Buch dazu beitragen, das Beten (wieder) zu entdecken; sich mit Gott und den Heiligen zu unterhalten – allen voran mit Maria als unserer besonderen Fürsprecherin. Und, auch das ist wichtig, darüber nachzudenken, für wessen »Sorgen« wir vielleicht (auch mal) ein Gebet zum Himmel schicken sollten.

Menschen, so hat Eugene Ionesco geschrieben, kann man nur lieben, wenn sie Gott in sich tragen. Auch tun Betende sich leichter, ihre Mitmenschen zu akzeptieren, eben weil sie sich mühen, die Verbindung mit Gott nicht abreißen zu lassen. Wenn uns dabei überhaupt ein Mensch Vorbild sein kann, dann allen voran Maria, die Mutter des Herrn. Auch da gilt es, hellhörig zu werden für das, was in der Überschrift als Angebot Marias mitklingt: Gebt mir eure Sorgen. Vertraut sie mir an. Dann wird euch leichter ums Herz. Dann dürft ihr voll Vertrauen in die Zukunft schauen.

Adalbert Ludwig Balling

Unter deinem Schutz und Schirm – Grundgebete zu Maria

Gegrüßet seist du, Maria (Ave Maria)

Gegrüßet seist du, Maria,
voll der Gnade,
der Herr ist mit dir.
Du bist gebenedeit
unter den Frauen,
und gebenedeit ist die Frucht
deines Leibes, Jesus.
Heilige Maria, Mutter Gottes,
bitte für uns Sünder
jetzt und in der Stunde
unseres Todes. Amen.

Gotteslob Nr. 3,5

Der Engel des Herrn (Angelus)

Der »Angelus« (= Engel) oder »Engel des Herrn« ist ein altes Gebet. An vielen Orten erinnert morgens, mittags und abends das Läuten einer Kirchenglocke daran (Angelusläuten).

V: Der Engel des Herrn brachte Maria die Botschaft,
A: und sie empfing vom Heiligen Geist.

Gegrüßet seist du, Maria …

V: Maria sprach: Siehe, ich bin die Magd des Herrn;
A: mir geschehe nach deinem Wort.

Gegrüßet seist du, Maria …

V: Und das Wort ist Fleisch geworden
A: und hat unter uns gewohnt.

Gegrüßet seist du, Maria …

V: Bitte für uns, heilige Gottesmutter,
A: dass wir würdig werden der Verheißungen Christi.

V: Lasset uns beten. – Allmächtiger Gott, gieße deine Gnade in unsere Herzen ein. Durch die Botschaft des Engels haben wir die Menschwerdung Christi, deines Sohnes, erkannt. Lass uns durch sein Leiden und Kreuz zur Herrlichkeit der Auferstehung gelangen. Darum bitten wir durch Christus, unsern Herrn.

A: Amen.

Gotteslob Nr. 3,6

*

Freu dich, du Himmelskönigin (Regina caeli)

Während der Osterzeit wird anstelle des »Engel des Herrn« »Freu dich, du Himmelskönigin« (Regina caeli) gebetet.

Freu dich, du Himmelskönigin, Halleluja! Den du zu tragen würdig warst, Halleluja, er ist auferstanden, wie er gesagt hat, Halleluja. Bitt Gott für uns, Halleluja!

V: Freu dich und frohlocke, Jungfrau Maria, Halleluja,

A: denn der Herr ist wahrhaft auferstanden, Halleluja.

V: Lasset uns beten. – Allmächtiger Gott, durch die Auferstehung deines Sohnes, unseres Herrn Jesus Christus, hast du die Welt mit Jubel erfüllt. Lass uns durch seine jungfräuliche Mutter Maria zur unvergänglichen Osterfreude gelangen. Darum bitten wir durch Christus, unsern Herrn.

A: Amen.

Aus dem 12. Jahrhundert (Vgl. Gotteslob Nr. 3,7)

*

Sei gegrüßt, o Königin (Salve Regina)

Die Entstehung dieses Gebetes lässt sich bis in die Zeit um 1000 zurückverfolgen. In der Zeit nach Pfingsten bis zum ersten Advent ist es die Schlussantiphon (Gesang) des Stundengebetes der Kirche.

Sei gegrüßt, o Königin,
Mutter der Barmherzigkeit,
unser Leben, unsre Wonne
und unsre Hoffnung,
sei gegrüßt!
Zu dir rufen wir
verbannte Kinder Evas;
zu dir seufzen wir
trauernd und weinend
in diesem Tal der Tränen.
Wohlan denn,
unsre Fürsprecherin,
wende deine barmherzigen Augen
uns zu
und nach diesem Elend*
zeige uns Jesus,
die gebenedeite Frucht deines Leibes!
O gütige,
o milde,
o süße Jungfrau Maria.

V: Bitte für uns,
heilige Gottesmutter,
A: dass wir würdig werden
der Verheißung Christi!

---

* *Elend bedeutet Leben in der Fremde, in der Verbannung.*

V: Lasset uns beten.
Allmächtiger, ewiger Gott,
du hast durch das Wirken
des Heiligen Geistes
den Leib und die Seele
der Jungfrau Maria
zu einer würdigen Wohnung
deines Sohnes bereitet.
Lass uns ihr Gedächtnis
freudig begehen,
bewahre uns auf ihre Fürsprache
vor allem drohenden Unheil
und errette uns
vom ewigen Tode!
Durch ihn, Christus,
unseren Herrn.

A: Amen.

Hermann von Reichenau (Hermann der Lahme),
11. Jahrhundert

Der Lobgesang Marias (Magnificat)

Meine Seele preist die Größe des Herrn
und mein Geist jubelt über Gott, meinen Retter.

Denn auf die Niedrigkeit seiner Magd hat er geschaut.
Siehe, von nun an preisen mich selig alle Geschlechter.

Denn der Mächtige hat Großes an mir getan
und sein Name ist heilig.

Er erbarmt sich von Geschlecht zu Geschlecht
über alle, die ihn fürchten.

Er vollbringt mit seinem Arm machtvolle Taten:
Er zerstreut, die im Herzen voll Hochmut sind;

er stürzt die Mächtigen vom Thron
und erhöht die Niedrigen.

Die Hungernden beschenkt er mit seinen Gaben
und lässt die Reichen leer ausgehen.

Er nimmt sich seines Knechtes Israel an
und denkt an sein Erbarmen,

das er unsern Vätern verheißen hat,
Abraham und seinen Nachkommen auf ewig.

Lukas 1,46–55

Gedenke, gütige Jungfrau Maria (Memorare)

Gedenke, gütige Jungfrau Maria,
es ist noch nie gehört worden,
dass jemand, der zu dir seine Zuflucht genommen,
deine Hilfe angerufen und um deine Fürbitte gefleht,
von dir sei verlassen worden.
Von solchem Vertrauen beseelt,
nehme ich zu dir meine Zuflucht,
Mutter, Jungfrau der Jungfrauen, zu dir komme ich,
vor dir stehe ich als armer sündiger Mensch.
Mutter des ewigen Wortes,
verschmähe nicht meine Worte,
sondern höre mich gnädig an und erhöre mich!
Amen.

Aus dem 15. Jahrhundert
z. T. von Bernhard von Clairvaux (1091–1153)

Der Rosenkranz

Der Rosenkranz ist ein meditatives Gebet. Er hält uns an, einzelne Abschnitte des Heilsweges Jesu Christi zu betrachten. Darüber hinaus zeigt er uns die Stellung, die Maria im Heilswerk hat.

Das Gebet des Rosenkranzes beginnt mit dem Kreuzzeichen:
Im Namen des Vaters und des Sohnes
und des Heiligen Geistes. Amen.

Es folgt das Glaubensbekenntnis:
Ich glaube an Gott ...

Ehre sei dem Vater und dem Sohn und dem Heiligen Geist. Wie im Anfang, so auch jetzt und allezeit und in Ewigkeit. Amen.

Es folgt das Gebet des Herrn:
Vater unser im Himmel ...

Nun werden drei „Gegrüßet seist du, Maria" mit jeweils einer Einfügung zu Glaube, Hoffnung und Liebe gebetet:
Gegrüßet seist du, Maria, voll der Gnade, der Herr ist mir dir. Du bist gebenedeit unter den Frauen, und gebenedeit ist die Frucht deines Leibes, Jesus,

… der in uns den Glauben vermehre.
… der in uns die Hoffnung stärke.
… der in uns die Liebe entzünde.

Heilige Maria, Mutter Gottes, bitte für uns Sünder jetzt und in der Stunde unseres Todes. Amen.

Ehre sei dem Vater …

Nach dieser Eröffnung folgen die Geheimnisse des freudenreichen, des lichtreichen, des schmerzhaften, des glorreichen oder des trostreichen Rosenkranzes. Jedes Geheimnis beginnt mit dem Vaterunser. Es folgt zehnmal das Gegrüßet-seist-du-Maria, wobei jedes Mal nach dem Namen »Jesus« das entsprechende Geheimnis eingefügt wird. Das Geheimnis schließt mit dem Ehre-sei-dem-Vater.

Die freudenreichen Geheimnisse:
- Jesus, den du, o Jungfrau, vom Heiligen Geist empfangen hast
- Jesus, den du, o Jungfrau, zu Elisabet getragen hast
- Jesus, den du, o Jungfrau, in Betlehem geboren hast
- Jesus, den du, o Jungfrau, im Tempel aufgeopfert hast
- Jesus, den du, o Jungfrau, im Tempel wiedergefunden hast

Die lichtreichen Geheimnisse:

- Jesus, der von Johannes getauft worden ist
- Jesus, der sich bei der Hochzeit in Kana offenbart hat
- Jesus, der uns das Reich Gottes verkündet hat
- Jesus, der auf dem Berg verklärt worden ist
- Jesus, der uns die Eucharistie geschenkt hat

Die schmerzhaften Geheimnisse:

- Jesus, der für uns Blut geschwitzt hat
- Jesus, der für uns gegeißelt worden ist
- Jesus, der für uns mit Dornen gekrönt worden ist
- Jesus, der für uns das schwere Kreuz getragen hat
- Jesus, der für uns gekreuzigt worden ist

Die glorreichen Geheimnisse:

- Jesus, der von den Toten auferstanden ist
- Jesus, der in den Himmel aufgefahren ist
- Jesus, der uns den Heiligen Geist gesandt hat
- Jesus, der dich, o Jungfrau, in den Himmel aufgenommen hat
- Jesus, der dich, o Jungfrau, im Himmel gekrönt hat

Die trostreichen Geheimnisse:
- Jesus, der als König herrscht
- Jesus, der in seiner Kirche lebt und wirkt
- Jesus, der wiederkommen wird in Herrlichkeit
- Jesus, der richten wird die Lebenden und die Toten
- Jesus, der alles vollenden wird

Vgl. Gotteslob Nr. 4

*

Unter deinen Schutz und Schirm

Unter deinen Schutz und Schirm
fliehen wir, heilige Gottesmutter.
Verschmähe nicht unser Gebet
in unseren Nöten,
sondern errette uns jederzeit
aus allen Gefahren!
O du glorwürdige und gebenedeite Jungfrau,
unsere Frau,
unsere Mittlerin,
unsere Fürsprecherin.
Führe uns zu deinem Sohne,
empfiehl uns deinem Sohne,
stelle uns vor deinem Sohne!

V: Bitte für uns, heilige Gottesmutter,
A: dass wir würdig werden der Verheißung Christi!

V: Lasset uns beten. – Gütiger Gott, du hast allen Menschen Maria zur Mutter gegeben. Höre auf ihre Fürsprache: Nimm von uns die Traurigkeit dieser Zeit; dereinst aber gib uns die ewige Freude! Durch Christus, unsern Herrn.
A: Amen.

Aus dem 4. Jahrhundert

Sei gegrüßt, heilige Mutter

Sei gegrüßt, heilige Herrin

Sei gegrüßt, heilige Herrin,
heiligste Königin, Gottesgebärerin Maria,
die du die ewige Jungfrau bist,
vom Himmel herab erwählt
durch den heiligsten Vater.
Du, die er geheiligt hat
mit seinem heiligsten geliebten Sohne
und dem Geist, dem Tröster.
Du, in der war und noch ist
jede Fülle der Gnade und alles Gute.
Sei gegrüßt, Palast des Herrn.
Sei gegrüßt, du sein Gezelt.
Sei gegrüßt, du sein Haus.
Sei gegrüßt, du sein Gewand.
Sei gegrüßt, du seine Magd.
Sei gegrüßt, du seine Mutter
und ihr heiligen Tugenden alle,
die ihr durch die Gnade

und Erleuchtung des Heiligen Geistes
in die Herzen der Gläubigen eingegossen wurdet,
auf dass ihr aus Unheiligen
Heilige machet vor Gott.

Franz von Assisi

*

O Maria, Gnadenvolle

O Maria, Gnadenvolle,
schönste Zier der Himmelsaun;
blicke huldvoll auf uns nieder,
die wir kindlich dir vertraun.
Tu uns deine Milde kund,
segne, Mutter, unsern Bund;
segne, Mutter, unsern Bund ...

Sieh, wir legen dir zu Füßen
ohne Vorbehalt das Herz.
Ordne alle seine Triebe,
lenk sie alle himmelwärts.
Mach von heilger Liebe wund
alle Seelen in dem Bund,
alle Seelen in dem Bund ...

Altes Marienlied

O du Eine, o du Reine

O du Eine, o du Reine,
die ich minne, die ich meine,
Königin im Himmelssaal:
Hochgebenedeite Frau,
der ich ganz mein Herz vertraue,
sei gegrüßt vieltausendmal!

Du im höchsten Heiligtume
heimatfrohe Wanderblume,
hold erblüht im Erdental,
fleckenlose, dornenlose,
du geheimnisvolle Rose,
sei gegrüßt vieltausendmal!

Taubenfromme, lilienklare, ungetrübte,
sündenbare
Jungfrau, die nach ew'ger Wahl
Gott, der Schöpfer aller Wesen,
sich zur Mutter auserlesen,
sei gegrüßt vieltausendmal!

Hohe Heilige, die dich preisen
in unsagbar süßen Weisen,
Geistes-Chöre ohne Zahl:
Auch von uns, den Staubgebornen,

doch aus Huld zum Heil Erkornen,
sei gegrüßt vieltausendmal!

Friedrich Wilhelm Weber (1813–1894)

*

Sei gegrüßt, die auserkoren ...

Sei gegrüßt, die auserkoren
unter allen Frauen war,
die den Heiland uns geboren,
ihn, der sein wird, ist und war.
Jungfrau, deren Schoß die Sonne
der Gerechtigkeit empfing,
Mutter, deren Blick mit Wonne
an dem ewgen Sohne hing.

Heilge Mutter Gottes,
bete du mit uns, für uns zum Sohn,
dass er mächtig uns vertrete
vor des ewgen Vaters Thron;
dass er Gnad um Gnade spende,
dass er seinen heilgen Geist
uns in unsere Herzen sende,
der aus Lieb' in Liebe fleußt.

F. L. Graf zu Stollberg (1750–1819)

Maria Rosengarten

Maria, Mutter, ich dich grüße,
hilf, dass ich meine Sünden büße,
der leider allzu viele sind:
des bitt für mich, dein liebes Kind!

Ich grüß' dich mit den Engels Worten,
schleuß du mir auf des Himmels Pforten,
ich will in Muße fröhlich gehn,
die ewgen Freuden mir besehn!

Gegrüßet seist du und gebenedeit;
vor allen Sünden bist du ja gefeit:
drum gib gebenedeiten Segen,
dass mein die heil'gen Engel pflegen.

Ich grüße dich, des Himmels Rosengarten,
die Auserwählte, Reineste der Zarten;
du, edelsüße Rosenblüte,
bitt Gott für mich durch deine Güte!

Aus einer Nürnberger Handschrift des 15. Jahrhunderts

Gruß dir, heilige Mutter

Gruß dir, heilige Mutter,
die du den König geboren,
der da hält Himmel und Erde
im Wandel der Zeiten,
dessen Walten das All umfasst
mit ewigem Kreisen,
dessen Reich ohne Ende besteht:
Dein seliger Leib hat Freuden der Mutter
verbunden mit reiner Ehre der Jungfrau.
Dir, der keine glich,
wird auch keine je folgen;
denn vor allen Frauen
erwählte dich, Einzige, Christus.

Ältestes lateinisches Marienlied (um 450)

Heilige Mutter, sei gegrüßt!

Heilige Mutter, sei gegrüßt!
Du Mutter des Königs,
der über Himmel und Erde
herrscht zu aller Zeit,
dessen majestätische Macht
alles umschließt im ewigen Kreis
und dessen Herrschaft ohne Ende ist.
Sei gegrüßt,
dein gesegneter Schoß
ist jungfräulich und unversehrt geblieben.
Zugleich durftest du die Freude haben,
Mutter zu werden.
Keine Frau ist dir gleich,
keine wird dich jemals erreichen:
Einzigartige Frau bist du
vor allen andern,
denn du hast uns Christus,
Gottes Gnade, geschenkt.

Sedulius (um 450)

Holdselige Frau

Holdselige Frau, in deren Schoß sich die Gnade
ergoss,
die Einzige unter allen hat Gott gefallen.
Nun ist er dein, vor dem sich die Welten neigen,
durch dich will er unser werden.

Du selige Frau, befreit vom Fluche
und gesegnet unter allen Frauen.
Du lächelst vor Freude, weil er dir gefällt,
du bebst vor Glück und hebst ihn in die Welt,
damit er unser Erlöser werde.

Jakob Balde (17. Jahrhundert)

Wir grüßen dich, heilige Mutter

Wir grüßen dich, heilige Mutter,
die du geboren den König,
der über Himmel und Erde in alle Ewigkeit
herrscht.

Selig bist du,
denn du hast ihn
vom Heiligen Geist empfangen.

Selig bist du,
denn in deinem Schoße
hast du ihn getragen,
den Gewaltigen,
der in seiner Macht die ganze Welt trägt,
der alles lenkt und leitet.

Selig bist du,
denn aus dir ging der Glanz hervor,
der den ganzen Erdkreis überstrahlt
und dein Lob verkündet.

Selig bist du,
denn du hast ihn geboren.

Selig bist du,
denn du hast ihn genährt,
den Ernährer aller.

Sei gegrüßt,
du Morgenröte des Heils,
du Ursache unserer Freude.

Sei gegrüßt,
du unsere Zuflucht und Hilfe.

Sei gegrüßt,
du unser Ruhm,
denn durch dich ist unser Geschlecht
zum Himmel erhöht worden.

Bitte Gott,
der aus dir geboren wurde:
er solle seiner Kirche Schutz verleihen.
Durch die Kraft deiner Fürbitte,
du Mutter des Allerhöchsten,
möge er der Erde und ihren Bewohnern
den Frieden schenken.

Lob sei ihm,
der kam und aus dir hervorging,
dich zu seiner Mutter machte
und durch dich zum Menschenkinde ward.

Hochgelobt sei der König der Könige,
der Mensch geworden ist für uns
und dem Menschengeschlecht
wieder das Paradies eröffnet hat.

Lob sei dem Vater,
der Jesus Christus gesandt hat
zu unserer Erlösung und Rettung,
und Preis auch dem Heiligen Geist,
der uns heiligt und eint.

Altchristliches Marienlob

Ave, ave Maria

Ich leg mein Flehen dir zu Füßen,
o trag's empor zu Gottes Thron!
Und lass, Madonna, lass dich grüßen
mit des Gebetes frommem Ton!

Ave, ave Maria!

Madonna, ach in deine Hände
leg ich mein letztes, heißes Flehn:
Erbitte mir ein gläubig Ende
und dann ein selig Auferstehn!

Ave, ave Maria!

Karl May (1842–1912)

Ein Grund zur Freude

Heilige Maria, unsere Mutter,
du bist für uns ein Grund zur Freude.
Du hast uns Jesus geschenkt.
Nichts Schöneres
konntest du für uns tun.
Hilf uns, dass wir diese Freude
an andere weitergeben!
Wir wollen allen Menschen,
mit denen wir in Kontakt kommen,
Jesus schenken – zu Hause,
an unserem Arbeitsplatz,
auf der Straße.
Überall dort, wo wir uns aufhalten,
wollen wir deinen Sohn
zu den Menschen tragen
und sie empfänglich machen
für seine Gnade und Wahrheit.
Dass uns dies gut gelingen möge,
darum bitten wir dich.

Reinhard Abeln

Gruß dir, Mutter

Gruß dir, Mutter, voll der Barmherzigkeit,
Mutter der Hoffnung und aller Gütigkeit,
Mutter Gottes und Mutter so reich an Huld,
Mutter der heiligen Fröhlichkeit.
O Maria.

Tal, das mit Lilien der Tugend geschmückt,
du bist umkleidet mit köstlicher Zier;
heilige Mutter, neige dich gnädig nieder
und hilf unseren Nöten hier!
O Maria.

Dich erschuf einst der Vater der Ewigkeit,
Gottes Sohn hat sich dir mitgeteilt,
hast empfangen durch den Heiligen Geist:
Ihnen sei Lob jetzt und in Ewigkeit!
O Maria.

Gebet aus dem 13./14. Jahrhundert

Sei gelobt und gepriesen

Die Heiligste Dreifaltigkeit hat dir,
Maria, den Namen zugedacht,
der nach dem Namen deines Sohnes
über allen Namen ist.
Dein Name, Maria, wurde aus der Schatz-
kammer
der Gottheit genommen ...
Sei von uns gelobt und gepriesen,
in aller Demut verehrt und angerufen.
Halte fern von uns alle Gefahren,
erwirb uns den Segen
und die Gnade des Herrn!
Und beschütze uns vor der Macht
und der Finsternis des Bösen!

Bernhard von Clairvaux (um 1090–1153)

*

Gruß dir, heilige Jungfrau

Gruß dir, Jungfrau, hochverklärte,
die du der verlornen Erde
Gottes Heil geboren hast.

Gruß dir, Jungfrau, Mutter reine,
Makel ist an dir nicht eine,
trägst nicht unsre Sündenlast.

Freu dich, Mutter Jesu, werte,
freu dich, liebe Hochgeehrte,
alle Gnad' in dir sich find't.
Gottes Hand dich gleich berührte,
dass du wärst der Menschen Zierde
durch dein göttlich liebes Kind.

Auf dich, Maria, hofft die Erde,
du des Retters Mutter werde,
ihr erfleh'n Barmherzigkeit.
Zeig dich uns als Mutter milde,
lass uns sehn der Hoffnung Bilde,
die du weißt in Traurigkeit.

Wenn du vorträgst unsre Klagen,
wie könnt' dir denn je versagen
solcher Mutter edler Sohn.
Führ du uns, o Mutter gute,
die erkauft' mit seinem Blute,
hin zu Jesu Gnadenthron.

Hymnus (Salve Virgo Benedicta)

Dich will ich loben

Heilige Jungfrau,
dich will ich lobpreisen und benedeien,
du bist heller als die Sonne,
lieblicher als der Frühling.

Du bist schöner als alle Schönheit,
so licht und gut,
so liebenswürdig und anmutig.

Deine Würde ist so erhaben,
dass ich dich nicht genug loben kann,
wenn ich auch mit der Sprache der Menschen
und Engel reden könnte
und alle Geheimnisse besäße
und das ganze Wissen der Heiligen Schriften.

Du schönste Frau unter allen Frauen,
voller Weisheit und Tugend,
wie sie sonst keiner von uns hat.
Erhoben über alle Heiligen des Himmels
bist du gekrönt zur Rechten deines Sohnes,
das goldene Diadem des Herrn auf deinem
Haupt.

Hymnus (Corona aurea super caput eius, 12. Jahrhundert)

Wir grüßen dich

Es blühn drei Rosen auf einem Zweig,
o Maria!
Sie blühn all drei ins Himmelreich,
o Maria!

Was trägt Maria in ihrem Schoß?
O Maria!
Ein kleines Kindlein, nackt und bloß.
O Maria!

Was trägt Maria auf ihrem Arm?
O Maria!
Ein kleines Kind, das sich unser erbarm.
O Maria!

O Maria!
Überall wir grüßen dich
viel tausendmal!

Aus Schlesien

Selig bist du, Maria

Selig bist du, Maria, würdig des Lobes,
denn du hast uns einen solchen Erlöser geboren!
Selig die Küsse, die du deinem Kinde gabst,
das auf deinem Schoße spielte;
dieses kleine Kind ist dein Sohn und Herr,
geboren aus dir und geboren aus Gott.
Aus dir wurde geboren, der dich erschaffen hat;
aus dir wurde geboren,
der aus dem Felsen Wasser fließen ließ,
um den Durst seines Volkes zu stillen.
Aus dir wurde geboren,
der im brennenden Dornbusch dem Mose
erschien
und ihm das Gesetz übergab auf dem Berg Sinai.
Aus dir wurde geboren,
der über dem See Gennesaret wandelte
und der später glorreich aus dem Grabe erstand
und als Sieger zum Himmel auffuhr,
ihn beten an die Engel,
der seinen Treuen das ewige Leben schenkt.
Wer ist würdig einer solchen Mutter,
der Mutter Gottes?
Wer kann dich ehren, wie du es verdienst?
Wer hat jemals solche Auszeichnungen
erfahren:

Der das Universum trägt,
wird getragen auf den Armen einer Mutter!
Jungfrau Maria, du hast Gefallen gefunden
bei Gott,
sodass er durch deinen Sohn
das Menschengeschlecht befreite
und die ganze Welt mit seinem Licht erfüllte.
Wir sind nicht fähig,
dir unser Lob angemessen vorzutragen.
Durch dich hat der Gute Hirt
das Menschengeschlecht wiedergefunden,
durch dich haben wir wieder Zugang zum
Himmel,
durch dich ging für uns auf
die Sonne der Gerechtigkeit.

Ambrosius Autpertus († 784)

Sei gegrüßt, Gottesgebärerin Maria

Nun sei gegrüßt, Gottesgebärerin Maria,
jungfräuliche Mutter, Bringerin des Lichtes!
Sei gegrüßt, Mutter und Magd,
Kleinod der Erde,
stets brennende Lampe;
aus dir ging hervor die Sonne der Gerechtigkeit!
Sei gegrüßt, Maria,
du Wohnung dessen, den Himmel und Erde
    nicht fassen!
Sei gegrüßt, Maria, Gottesgebärerin!
Durch dich ist uns unaussprechliche Gnade
    zuteilgeworden!
Durch dich ging uns auf das wahre Licht,
Jesus Christus, unser Herr!
Durch dich erhielten wir den, der Tod und
    Hölle besiegt hat!
Durch dich sind alle gerettet worden!
Von allen, denen dein Sohn das Heil erworben
    hat,
sei deshalb gepriesen immerdar!

Cyrill von Alexandrien (5. Jahrhundert)

O Maria, sei gegrüßt

O Maria, sei gegrüßt,
die du voller Gnade bist;
sei gegrüßt, du höchste Zier:
Gott der Herr ist selbst mit dir.

Du bist nun gebenedeit
vor den Frauen allezeit.
Lob dem, der dich heimgesucht,
Jesus, deines Leibes Frucht.

Mutter Gottes, liebe Frau,
auf uns arme Sünder schau;
bitt für uns bei deinem Sohn,
dass er uns im Tod verschon!

Johann Philipp von Schönborn (1656) (Gotteslob Nr. 523)

Heiligste Gottesgebärerin

Heiligste Gottesgebärerin,
Gnadenvolle, meine Herrin!
Du bist ein unergründliches Meer
von Gnade und Huld!
Du bist die Ausspenderin
aller Gnaden und Gaben.
Du bist nach der Heiligsten Dreifaltigkeit
unsere Herrin,
nach dem Tröstergeist unser Trost,
nach dem Mittler Christus
unser aller Mittlerin.
Du hast alle Tränen
von dem Antlitz der Erde genommen.
Du hast die Schöpfung
mit vielfältiger Gabe erfüllt.
Du hast den Himmlischen Freude bereitet,
uns Irdische hast du gerettet.
Wir glauben, dass alle Ehre, aller Ruhm
und alle Heiligkeit
durch dich allein, Unbefleckte,
uns zufließt und in Zukunft
uns zufließen wird.
In dir, Gnadenvolle, freut sich
die ganze Schöpfung.

Ephräm der Syrer (4. Jahrhundert)

Sei gegrüßt, du Frau der Welt

Sei gegrüßt, du Frau der Welt,
Königin im Himmelszelt,
reinste Jungfrau der Jungfrauen,
Morgenstern, auf den wir schauen.

Dich hat Gott von Ewigkeit
ausersehn, gebenedeit,
dich zur Mutter auserkoren,
dass sein Wort von dir geboren.

Dich hat er ganz schön geziert
und zur Braut sich zugeführt,
dich, in der die sündig Art
Adams nie gespüret ward.

Sei gegrüßt, du edle Frucht,
frei von aller Sündensucht,
heilig, rein und auserkoren,
ehe du noch warst geboren.

Angelus Silesius (1624–1677)

Ave Maria zart

Ave Maria zart,
du edler Rosengart,
lilienweiß, ganz ohne Schaden,
ich grüße dich zur Stund
mit Gabrielis Mund:
Ave, die du bist voller Gnaden.

Du hast des Höchsten Sohn,
Maria rein und schön,
in deinem keuschen Schoß getragen,
den Heiland Jesus Christ,
der unser Retter ist
aus aller Sünd und allem Schaden.

Denn nach dem Sündenfall
wir warn verstoßen all
und sollten ewig sein verloren.
Da hast du, reine Magd,
wie dir vorhergesagt,
uns Gottes Sohn zum Heil geboren.

Darum, o Mutter mild,
befiehl uns deinem Kind,
bitt, dass es unser Sünd verzeihe,
endlich nach diesem Leid

die ewig Himmelsfreud
durch dich, Maria, uns verleihe.

Johann Georg Braun (1675) (Gotteslob Nr. 527)

*

Ein' Jungfrau ist geboren

Ein' Jungfrau ist geboren,
erwählt von Ewigkeit:
Maria auserkoren,
von Sünde nicht entweiht.

Sie tritt aus dunkler Ferne
in reinem Licht hervor
und gleich dem Morgensterne
steigt herrlich sie empor.

Die Nacht hat sich verloren,
die Morgenröte winkt;
nun ist die Magd geboren,
die uns den Heiland bringt.

Maria, sei auf Erden
uns nah in Freud und Leid,
hilf, dass wir selig werden
mit dir in Ewigkeit.

Friedrich Spee (Köln 1623)

Gruß an Maria

Gruß dir,
du Freudenstrahl!
Gruß dir,
du Lösespruch!
Gruß dir,
die Gefallenen aufstehen hilft!
Gruß dir,
die den Weinenden Tränen abwischt!
Gruß dir,
die den Menschenverstand weit überragt!
Gruß dir,
die kein Engelverstand ausloten kann!
Gruß dir,
du Königsthron!
Gruß dir,
die den trägt, der alles trägt!
Gruß dir,
von der Sonne umglänztes Gestirn!
Gruß dir,
du Mutterschoß des Gottes im Fleisch!
Gruß dir,
du erneuerte Schöpfung!
Gruß dir,
du jungfräuliche Braut!

Hymnus Akathistos (6. Jahrhundert)

Du große Herrin, schönste Frau

Du große Herrin, schönste Frau,
hoch über Sternen steht dein Thron.
Du trugst den Schöpfer, der dich schuf,
und nährtest ihn an deiner Brust.

Was Eva einst verloren sah,
gibst du im Sohne reich zurück.
Der Himmel öffnet sich in dir;
zur Heimkehr steht der Weg uns frei.

Du Pforte für den Königssohn,
des neuen Lichtes helles Tor,
in dir grüßt jauchzend alle Welt
das Leben, das du ihr geschenkt.

Herr Jesus, dir sei Ruhm und Preis,
Gott, den die Jungfrau uns gebar,
Lob auch dem Vater und dem Geist
durch alle Zeit und Ewigkeit.

Verfasser unbekannt (7./8. Jahrhundert)

Sei gegrüßt, Maria

Sei gegrüßt, Maria, du bist voll der Gnade.
Sei gegrüßt, du reines Haus Gottes.

Sei gegrüßt, du verehrungswürdige Jungfrau. Unter deinen Schutz und Schirm fliehen wir. Tritt ein für uns bei Christus, deinem Sohn. Führe das verängstigte Volk Gottes zum sicheren Hafen hin.

Bekleide deine Priester mit Heiligkeit und gib ihnen einen freudigen, erprobten und echten Glauben.

Bestärke alle Gläubigen in treuem und willigem Gehorsam gegen die Gebote Gottes.

Umgib die Kirche mit einem starken Wall und lass sie immerfort ein Haus Gottes sein und ein lebendiger Tempel des Heiligen Geistes. Befreie aus Angst und Gefahr alle, die dich lobpreisen.

Den Gefangenen schenke Freiheit, den Heimatlosen, die kein Dach und keine Hilfe haben, den Kranken, den Verzweifelten und allen Sterbenden zeige dich als Trösterin. Der ganzen Welt strecke deine hilfreiche Hand entgegen und führe sie hin zu Christus Jesus, dem König des Weltalls, unserem wahren Gott, dem Ehre und Ruhm sei zusammen mit dem

Vater und dem Heiligen Geist, jetzt und immer und in alle Ewigkeit.

Bischof Germanus († 733)

*

Gott grüße dich

Gott grüße dich, hochgelobte Mutter.
Gott grüße dich, gute Magd Maria.
Du bist die Tochter des ewigen Vaters.
Du bist die Mutter des Menschensohnes.
Du bist die Braut des Heiligen Geistes.
Du bist ein Tempel der Heiligsten Dreifaltigkeit.
Hochgelobte Mutter.
Gute Magd Maria.
Durch deine grundlose Güte
weise uns armen Sündern den Weg
der ewigen Seligkeit.

Gebet des heiligen Heribert († 1021)

Herrlich erstrahlst du im Licht

Herrlich erstrahlst du im Licht, Jungfrau Maria.
Kind aus Davids Geschlecht, Tochter des Königs,
die erhaben nun thront hoch in den Himmeln
und Gebieterin ist über die Engel.

Dem allmächtigen Gott wurdest du Mutter,
hast dem Herrn, der dich schuf, Wohnung
 bereitet,
ihm den heiligen Schoß willig geboten –
und im Fleische ward Gott Mensch wie wir alle.

Den in Ehrfurcht verehrt Erde und Himmel,
den Erlöser und Herrn, bitten wir heute,
da ins himmlische Reich ganz er dich aufnahm:
Aus dem Dunkel der Welt führ uns zum Lichte!

Dir sei Ehre und Preis, Vater des Lichtes,
dir, dem ewigen Sohn, der uns erlöst hat,
dir, dem Heiligen Geist, Gott dem Dreieinen,
dessen Herrschaft und Reich währen auf ewig.

Nach einem Hymnus (8./9. Jahrhundert)

Sei gegrüßt, du göttlich Licht

Sei gegrüßt, du göttlich Licht,
voller Gnade, schön zugericht.
Komm zu Hilf dem Erdenkreis,
du, o aller Frauen Preis ...

Tempel der Dreifaltigkeit,
Kammer ewger Reinigkeit,
Freude, die der Engel küsst,
Mutter, Jungfrau, sei gegrüßt.

Du, des Allerhöchsten Stadt,
Morgenpforte, die er hat,
Jungfrau sonderbarer Zier,
alle Gnade wohnt in dir.

Angelius Silesius (1624–1677)

*

Wie soll ich dich nennen?

Wie soll ich dich nennen,
heiligste Jungfrau,
die du den Einen, Unbegreiflichen geboren hast,
den Einen, der alles auf Erden übertrifft?

Wie soll ich dich nennen,
du Stadt des großen Königs,
geschmücktes Haus des Königs der Könige?

Wie soll ich dich nennen,
Kirche des Erstgeborenen
und der himmlischen Heerscharen,
die darin singen?

Wie soll ich dich nennen,
Braut, die Emmanuel gebar,
Jesus Christus, unseren Herrn?

Wie soll ich dich nennen,
du gnädiger neuer Himmel?
Du hast Gott für uns geboren,
den einen hast du in deinen Armen getragen.

Wie soll ich dich nennen,
o Zion, o Jerusalem,
da die Freude aller Heiligen in dir wohnt?

Sie, die Ihn gebar,
und Er, der uns von unseren Sünden erlöste,
seid gegrüßt!

Marienlob der koptischen Liturgie (8./9. Jahrhundert)

Maria – Königin des Himmels und der Erde

Königin der Barmherzigkeit

Du bist die Pforte der Gnaden,
die Pforte der Barmherzigkeit,
eine Pforte, die nie verschlossen ist ...
Wende deine barmherzigen Augen uns zu,
habe ein gütiges Herz
für jeden Verzweifelten!
Welcher Sünder findet nicht neuen Mut
durch deine unerschöpfliche Güte?
Wenn ich mich sammle in dir,
kommen mir Tränen der Freude;
dein Name ist in meinem Mund
und meinem Herzen
hell wie das Licht und süß wie der Honig.
Bist du nicht die Königin
der Barmherzigkeit,
du Mutter der Barmherzigkeit?

Wie oft hast du den Feind
von uns ferngehalten!
Wie oft hast du für uns von Gott
Gnade und Barmherzigkeit erfleht!
Wende dich uns zu und vergiss uns nicht!

Heinrich Seuse (um 1295–1366)

Du bist die Himmelskönigin

Du bist die Himmelskönigin,
der Majestät Gebärerin;
du bist des Schöpfers Ruhm und Zier;
du bist des Paradieses Tür;
du bist des Höchsten Freud und Leben,
ein Tempel der Dreifaltigkeit;
durch dich wird uns Barmherzigkeit
von Gott erzeiget und gegeben.

Angelus Silesius (1624–1677)

Glorwürdige Königin

Glorwürdige Königin, himmlische Frau,
milde Fürsprecherin, reinste Jungfrau.
Wende, o Mutter und Königin du,
deine barmherzigen Augen uns zu.

Mutter der Gütigkeit, Mutter des Herrn,
über die Himmel weit leuchtender Stern.
Wende, o Mutter und Trösterin du,
deine barmherzigen Augen uns zu.

Mutter in Todesnot, Mutter des Lichts,
wenn uns Verderben droht, fürchten wir nichts.
Wende, o Mutter und Schützerin du,
deine barmherzigen Augen uns zu.

Alphons von Liguori (18. Jahrhundert)

Mutter Christi, hoch erhoben

Mutter Christi, hoch erhoben
in dem schönen Himmel droben,
aller Engel Königin,
unsre Frau und Mittlerin.
Bitt an Gottes Gnadenthrone,
bitt für uns bei deinem Sohne;
o Maria, steh uns bei,
dass uns Gott barmherzig sei.

Du, o Jungfrau, voll der Gnaden,
weißt von keinem Sündenschaden;
voller Glanz und Tugendschein,
warst du allzeit engelrein.
Bitt an Gottes Gnadenthrone ...

O du Zuflucht aller Sünder,
sieh uns an als deine Kinder;
Mutter, auf dich hoffen wir,
suchen flehend Trost bei dir.
Bitt an Gottes Gnadenthrone ...

Lass uns deine Hilf erscheinen,
lass uns nicht vergebens weinen,
führe uns zum Gnadenthron
und versöhn uns deinem Sohn.
Bitt an Gottes Gnadenthrone ...

Fleh, dass Gott nach diesem Leben
uns zum Himmel mög erheben.
O Maria, Jungfrau rein,
lass uns dir empfohlen sein.
Bitt an Gottes Gnadenthrone ...

Duderstadt (1724)

*

Maria, Himmelskönigin

Maria, Himmelskönigin,
der Engel hohe Herrscherin,
o Wurzel, der das Heil entsprießt,
du Tor des Lichtes, sei gegrüßt!

Freu dich, du bist an Ehren reich,
dir ist an Gnaden keine gleich.
Ach, bitt für uns an Gottes Thron
bei Jesus, deinem lieben Sohn.

Rottenburger Gesangbuch (1867)

Wunderschön prächtige

Wunderschön prächtige,
hohe und mächtige,
liebreich holdselige himmlische Frau.
Mit dir ich ewiglich
kindlich verbinde mich
und Leib und Seele dem Herrn ich vertrau.
Lenke, du treue,
immer aufs Neue
unsere Herzen zum Himmel empor,
wo du erstrahlst in der Seligen Chor.

Sonnen umglänzen dich,
Sterne bekränzen dich,
Leuchte und Trost auf der nächtlichen Fahrt.
Vor dem verderblichen
Makel der Sterblichen
hat dich die Liebe des Vaters bewahrt.
Selige Pforte warst du dem Worte,
als es vom Throne der ewigen Macht
Gnade und Rettung den Menschen gebracht.

Allezeit unversehrt,
in jeder Not bewährt,
kennst du der Menschen Bedrängnis und Leid.
Du bist der Hoffnung Stern

allen, die Gott noch fern,
du schenkst den Suchenden treues Geleit.
Tröst uns im Leiden,
stärk uns im Scheiden,
bitte, o Mutter, für uns deinen Sohn,
wann er uns ruft vor den ewigen Thron.

Heinrich Bone (1852)

*

Milde Königin, gedenke

Milde Königin, gedenke
wie's auf Erden unerhört,
dass zu dir ein Pilger lenke,
der verlassen wiederkehrt.
Nein, o Mutter, weit und breit,
schallt's durch deiner Kinder Mitte:
Dass Maria eine Bitte
nicht gewährt, ist unerhört –
unerhört in Ewigkeit.

Aus dem 19. Jahrhundert

Maria, o Maria schön

Maria, o Maria schön,
du lichter Stern aus Himmelshöhn,
dir große Gnad gegeben ist,
ohn Erbsünd du empfangen bist,
ganz makellos, ganz sündenrein,
o klares Gold, o Edelstein!
Ohn alle Dorn, du edle Ros,
entsprungen aus Sankt Annen Schoß!

O Jungfrau, o wie gnadenreich,
dem Paradies und Himmel gleich!
O Gottes Haus, o Gottes Saal,
o Himmel hier im Jammertal!
O gnadenreiche Gottesstadt,
die Gott sich selbst erbauet hat
von Gold, von Perl und Diamant,
von Edelsteinen allerhand.

Nun bitten wir, o Jungfrau gut,
bewahre uns in deiner Hut!
Ach hilf, dass uns durch Gottes Gnad
nicht Fleisch und Welt und Hölle schad!
Halt Leib und Seel von Sünden rein,
lass uns den Engeln ähnlich sein!
O wend zu uns dein Mutterherz
und zieh zu dir uns himmelwärts!

Friedrich Spee (1591–1635)

Lob dir in des Himmelshöhen

Lob dir in des Himmelshöhen,
reine und glorreiche Jungfrau
und Mutter Maria!
Würdig und recht ist es,
dich zu preisen
und dich zu bitten als unsere Mutter
und Fürsprecherin bei Gott.
Dir, Begnadete,
jubelt die ganze Schöpfung zu,
die Scharen der Heiligen
und die Menschheit.
Du bist der geweihte Tempel,
du die Krone aller Frauen,
die Christus geboren hat
zur Freude aller Welt.
Dir jubelt die ganze Schöpfung zu,
dir sei die Ehre und der Ruhm!

Aus der Jakobus-Liturgie

Maria, Königin des Himmels

Maria, Königin des Himmels
und der Erde,
ich weiß, dass ich nicht würdig bin,
mich dir zu nähern,
doch da ich dich so sehr liebe,
wage ich es, dich zu bitten,
du mögest so gütig sein
und mir erklären, wer du bist.
Ich möchte dich immer
besser kennenlernen,
damit ich dich immer mehr
lieben und ehren kann,
mit einem Eifer,
der keine Grenze kennt.
Und ich möchte auch anderen
mitteilen, wer du bist,
damit immer mehr Menschen
dich immer besser kennen
und immer inniger lieben,
damit du die Königin aller Menschen
sein kannst, aller Herzen,
die hier auf Erden schlagen.

Einige kennen nicht einmal
deinen Namen,
andere wagen es nicht,
auf dich zu schauen,
wieder andere glauben,
auch ohne dich das Ziel ihres Lebens
erreichen zu können.
Es gibt viele Menschen,
die dich lieben,
aber es gibt wenige,
die aus Liebe zu dir
zu allem bereit sind:
zu Mühen, zum Leiden
oder sogar zum Opfer ihres Lebens.
Wann wirst du in allen Herzen Königin sein?
Wenn die Bewohner dieser Erde
dich als Mutter anerkennen,
wenn der Vater im Himmel
wirklich Vater sein kann
und alle Menschen sich
als Brüder fühlen?

Maximilian Kolbe (1894–1941)

Königin des Himmels

Heilige Maria, Himmelskönigin, du bist keine Königin, wie wir sie in unserem Jahrhundert im Fernsehen, in Illustrierten und vor allem bei Staatsbesuchen erleben. Du zeigst das »Königliche« auf eine ganz andere Art als die Königinnen der Geschichte und der Gegenwart.

Als Königin bist du Magd des Herrn, Schwester der Glaubenden, Heil der Kranken, Zuflucht der Bedrängten und Trösterin der Betrübten. Das Repräsentieren liegt dir nicht. Du bist vielmehr dort, wo man nicht »glänzen« kann, besonders bei denen, die leiden, oder denen, die nicht wissen, wo aus und ein.

Königin aller Heiligen, breite deinen königlichen Mantel auch über mich aus! Gewähre mir deinen Schutz und deine Hilfe und lass mich zu denen gehören, die einmal das Wort hören dürfen: »Du bist ein guter und treuer Diener. Komm, nimm teil am Festmahl deines Herrn!«

Reinhard Abeln

Du Glanz der Erde

O selige Mutter Christi,
hehre Frau aus dem Stamme Davids,
du bist der Erde Glanz und Fürstin,
du Magd Maria, freue dich.

Jungfrau bist du und Vermählte,
dich verehren Mann und Frau
und die Großen und die Kleinen
empfehlen sich deinem Schutz.

Höre auf der Frommen Bitte,
nimm die Welt in deine Obhut.
Patriarchen und Propheten
übertrifft dein Gnadenruhm.

Christus kam von dir, der König,
dessen freue sich alle Welt.

Fränkischer Hymnus (9. Jahrhundert)

Du große Herrin, schönste Frau

Du große Herrin, schönste Frau,
hoch über Sternen steht dein Thron.
Du trugst den Schöpfer, der dich schuf,
und nährtest ihn an deiner Brust.

Was Eva einst verloren sah,
gibst du im Sohne reich zurück.
Der Himmel öffnet sich in dir;
zur Heimkehr steht der Weg uns frei.

Du Pforte für den Königssohn,
des neuen Lichtes helles Tor,
in dir grüßt jauchzend alle Welt
das Leben, das du ihr geschenkt.

Herr Jesus, dir sei Ruhm und Preis,
Gott, den die Jungfrau uns gebar,
Lob auch dem Vater und dem Geist
durch alle Zeit und Ewigkeit.

Verfasser unbekannt (7./8. Jahrhundert)

Die schöne Rose

Ein schöne Ros im heil'gen Land
Blüht in dem Paradiese.
Den Engeln ist sie wohlbekannt,
Ihr Farb ist rot und süße.
Sie übertrifft der Sonne Glanz,
Ihr Schein erleucht den Himmel ganz
Auf wunderbare Weise.

Die schöne Rose, die ich mein,
Die alle Welt erfreuet,
Bist du, Maria, Jungfrau rein,
Von Gott gebenedeiet.
Du Gott des Vaters Tochter bist,
Du wahre Mutter Jesu Christ,
Du Braut des Heil'gen Geistes.

Drum kein Geschöpf im Himmel ist
Dir, Jungfrau, zu vergleichen,
Denn du nach Gott die Höchste bist,
All Schönheit muss dir weichen,
All Engel in dem Himmelssaal,
Die lieben Heil'gen allzumal
Dir ihre Palmen reichen.

Nach Laurentius von Schnüffis (1633–1702)

Die Schönste von allen

Die Schönste von allen, von fürstlichem Stand,
kann Schönres nicht malen ein englische Hand:
Maria mit Namen; an ihrer Gestalt
all Schönheit beisammen Gott selbst wohlgefallt.

Ihr Haupt ist gezieret mit goldener Kron,
das Zepter sie führet am himmlischen Thron;
ein sehr starke Heldin, mit englischem Schritt
der höllischen Schlange den Kopf sie zertritt.

Wohlan denn, o Jungfrau, der Jungfrauen Bild,
von Tugenden strahlend, mit Gnaden erfüllt,
mit Sternen geschmücket, die Sonne dich kleidt;
die Engel, den Himmel dein Anblick erfreut.

Die Sterne verlöschen, die Sonn, die jetzt brennt,
wird einstens verdunkeln und alles sich endt.
Doch du wirst erstrahlen noch lang nach der Zeit
in himmlischer Glorie durch all Ewigkeit.

Aus Lothringen

Maria, Königin der Liebe

Maria, Königin der Liebe,
du nie versagende Gnadenquelle!
Gedenke der unbegrenzten Macht,
die dein göttlicher Sohn
dir über sein gütiges Herz
verliehen hat!
Zeige du mir die Größe
deiner Macht und deiner Liebe!
Beglücke meinen Geist und mein Herz
mit aller nötigen Gnadenkraft
zur Erfüllung meiner Lebensaufgabe!
Befreie mich von allen Übeln!
Empfiehl mich
deinem göttlichen Sohn
und sei meine Hilfe, mein Hort
und meine Rettung im Leben
und im Sterben!

Überliefert

Maria, o Maria, hilf!

Maria, breit den Mantel aus

Maria, breit den Mantel aus,
mach Schirm und Schild für uns daraus;
lass uns darunter sicher stehn,
bis alle Stürm vorübergehn.
Patronin voller Güte,
uns allezeit behüte.

Dein Mantel ist sehr weit und breit,
er deckt die ganze Christenheit,
er deckt die weite, weite Welt,
ist aller Zuflucht und Gezelt.
Patronin voller Güte,
uns allezeit behüte.

Maria, hilf der Christenheit,
dein Hilf erzeig uns allezeit;
komm uns zu Hilf in allem Streit,
verjag die Feind all von uns weit.
Patronin voller Güte,
uns allezeit behüte.

O Mutter der Barmherzigkeit,
den Mantel über uns ausbreit;
uns all darunter wohl bewahr
zu jeder Zeit in aller G'fahr.
Patronin voller Güte,
uns allezeit behüte.

Innsbruck (1640) (Gotteslob Nr. 534)

*

Wir bitten dich

Nun bitten wir dich, Mutter,
und auch der Mutter Kind,
die Reine und den Guten,
dass sie uns Hüter sind.

Ohn' eure starke Hilfe
kann keiner wohlgedeihn,
und wer uns das bestritte,
der muss recht töricht sein.

Walther von der Vogelweide († um 1230)

Maria, wir dich grüßen

Maria, wir dich grüßen
und fallen dir zu Füßen, o Maria, hilf.
Maria, hilf uns all
in diesem Jammertal!
Voll Zuversicht wir bitten, o Maria, hilf,
durch das, was du gelitten, o Maria, hilf ...
Durch Jesu Kreuz und Sterben, o Maria, hilf;
hilf Gnade uns erwerben, o Maria, hilf ...
Hilf uns Verzeihung finden, o Maria, hilf;
für unsre vielen Sünden, o Maria, hilf ...
Die Strafen von uns wende, o Maria, hilf;
den wahren Frieden sende, o Maria, hilf ...
In Trübsal, Angst und Leiden, o Maria, hilf;
gib Trost und Seelenfrieden, o Maria, hilf ...
Sieh an die Not der Armen, o Maria, hilf,
lass Heil und Hilf uns werden, o Maria, hilf ...

Bitt, dass die Frucht der Erde, o Maria, hilf,
gesegnet reichlich werde, o Maria, hilf ...
Erflehe allen Heiden, o Maria, hilf;
des Glaubens Licht und Freuden, o Maria, hilf ...
Bitt auch, dass hier bald werde, o Maria, hilf;
ein Hirt und eine Herde, o Maria, hilf ...
Bitt Gott für unsre Freunde, o Maria, hilf;
bitt Gott für unsre Feinde, o Maria, hilf ...

Im Leben und im Sterben, o Maria, hilf;
hilf uns den Sieg erwerben, o Maria, hilf ...
Auf dass wir all dort oben, o Maria, hilf,
mit dir Gott ewig loben, o Maria, hilf ...

Aus dem 17. Jahrhundert

*

Zu dir nehme ich meine Zuflucht

O seligste Jungfrau Maria, ich verehre dich hier an diesem Gnadenorte als die Gesegnetste unter den Frauen, als Mutter unseres Herrn Jesu Christi. Zu dir nehme ich meine Zuflucht und rufe dich mit kindlichem Vertrauen an: Erhalte mir von Gott durch deine mächtige Fürbitte alles Gute, was mir nötig und nützlich ist, Befreiung von der Sünde, Stärke in der Versuchung, Geduld im Leiden und wahren Eifer, wahre Liebe zur Tugend, damit ich standhaft im Guten verharre, nach deinem Beispiel heilig lebe, selig sterbe und endlich auch zu dir in die Freude des Herrn, in das himmlische Vaterland, gelangen möge durch Jesum Christum, deinen Sohn, unsern Herrn.

Altes Gebet vor einem Gnadenbild Mariens

Hilf, Maria, es ist Zeit

Hilf, Maria, es ist Zeit,
hilf, Mutter der Barmherzigkeit!

Du bist mächtig, uns aus Nöten
und Gefahren zu erretten;
denn wo Menschenhilf gebricht,
mangelt doch die deine nicht.

Nein, du kannst das heiße Flehen
deiner Kinder nicht verschmähen.
Zeige, dass du Mutter bist,
wo die Not am größten ist.

Hilf, Maria, es ist Zeit,
hilf, Mutter der Barmherzigkeit!

Überliefertes Wallfahrergebet

Heilige Mutter, wir bitten dich

Heilige Mutter Gottes,
gewähre den Kranken Genesung,
den Gesunden Dankbarkeit und Liebe zu Gott,
jenen, die entzweit sind, gewähre Einigkeit,
jenen, die mit anderen in Eintracht leben,
gewähre Schutz und Beständigkeit
und den Entmutigten und den Leidenden
gewähre wohltuenden Trost!
Jenen, denen es widerstrebt,
dem Licht des Verstandes zu folgen,
sende das Licht göttlicher Gnade!
Sei Gefährtin jenen, die reisen,
steuere mit dem, der auf hoher See ist,
sei eine Stütze für den, der fällt,
ein Träger für den, der fest steht,
Wohlstand für den, der Gutes vollbrachte,
Hilfe für den, der in Not ist!
Leite mit Sicherheit unser ganzes Leben,
mach uns der Herrlichkeit der Heiligen würdig,
da wir dich loben, unsere Beschützerin,
da wir ehren deinen Sohn und Gott
mit dem ewigen Vater und dem Heiligen Geist,
wie jetzt so auch immer und in alle Ewigkeit!

Peter von Argos (9. Jahrhundert)

Hilf uns, heilige Mutter

O heilige Mutter,
hilf uns, dir ähnlich zu werden,
der reinen Magd des Herrn!
Hilf uns, zu glauben wie du,
die du Glauben hattest,
ohne zu zweifeln,
da dir der Engel von Gott
die Botschaft gebracht hat!
Hilf uns, geduldig zu sein wie du,
die du nach Betlehem wandertest
und den Erlöser der Welt
in einem Stall geboren hast!
Hilf uns, ein inneres Leben
wie du zu führen,
wie du, die alles, was du von Jesus
gesehen und gehört hast,
in deinem Herzen erwogest!
Hilf uns, starkmütig zu sein wie du,
als deine Seele ein Schwert durchdrang!
Hilf uns, zu entsagen wie du,
da du den göttlichen Sohn
zu seinem Werk von dir gehen ließest
und endlich ihn sterben sahst
ohne Murren.
Du heilige Mutter,

unsere Hoffnung in der Pilgerschaft,
führe uns, wie du bis jetzt uns führst,
aus dieser dunklen Nacht,
du reines Licht,
führe uns,
bis wir zu Jesus kommen!

John Henry Newman (1801–1890)

*

Wenn Stürme rings toben

Wenn Stürme rings toben,
bedräuen dein Land,
erhebe, o Mutter,
zum Segen die Hand.
Du Schutzfrau der Bayern,
sei Rettung uns du
und wend deines Jesus
Erbarmen uns zu!
Wir wollen für ewig
dein Eigen ja sein,
so schließ uns erbarmend
ins Mutterherz ein.

Aus Oberbayern

Maria, sei bei mir!

Maria, gute Frau
und Mutter unseres Herrn Jesus Christus,
ich bitte dich:

Sei bei mir
als Licht in meiner Finsternis!
Sei bei mir
als Macht in meiner Ohnmacht!
Sei bei mir
als Trost in meinem Leid!
Sei bei mir
als Kraft in meiner Versuchung!
Sei bei mir
als Friede in meiner Friedlosigkeit!
Sei bei mir
als Leben in meinem Leben!
Maria, ich bitte dich:
Sei bei mir!

Reinhard Abeln

Meine Zuflucht alleine

Meine Zuflucht alleine, Maria, die Reine,
von Herzen, ich meine, zu rufen an:
Dass sie mich regiere, mit Gnaden mich ziere,
ganz treulich mich führe auf rechtem Plan.
In stetigem Leiden, ohn einige Freuden
die Stunden hinscheiden ohn Maß und Zahl.
Wann dein ich gedenke, all Trübsal versenke;
was immer mich kränke, entschwindet all.
All Sinn und Gemüte, all Fleisch und Geblüte,
o Mutter der Güte, dir anvertrau.
Wann endlich muss sterben, lass Gnad' mich
erwerben,
den Himmel zu erben, hilfreiche Frau.

Pilgergebet (12. Jahrhundert)

Unsere Fürsprecherin bei Gott

Maria, segenbringende Mutter

Maria, segenbringende Mutter
unseres Erlösers,
du weltaufgetanes Tor zum Himmel,
du Stern über dem Meer:
Bitt für uns Menschen in Not,
dass uns helfe der Herr!
Du hast im Geheimnis der Natur
deinen heiligen Schöpfer geboren
und bist geblieben die Jungfräuliche
vordem und nachher,
hast aus dem Mund des Engels
das »Ave« empfangen:
Bitt Gott für uns Sünder!

Kloster Reichenau (11. Jahrhundert)

Bitte für mich bei Jesus

Heilige Jungfrau,
Schutzherrin und Helferin aller,
die dir vertrauend nahen!
Bitte für mich bei Jesus, deinem Sohn,
dass er die Sünde von mir nehme
und mir die Fülle seiner heiligen Tugenden gebe,
dass er fortnehme allen bösen Willen,
dass er mir Bruderliebe und guten Willen gebe,
dass er mich allen Stolzes entledige
und mir wahre Demut gebe,
dass er die unreinen Gedanken und Wünsche
vertreibe von meinem Geist
und mir reine Gedanken und Wünsche gebe!
Du wahrer Morgenstern,
von dem aus das ewige Licht erschienen
und alle Gnade gekommen ist,
schließe mich allezeit ein in deine Huld
und in deine Fürbitte vor Gott,
damit ich mit deiner Hilfe das Böse vermeide
und nach diesem sterblichen Leben
das ewige Leben besitze!

Königin Agnes von Ungarn (14. Jahrhundert)

Mutter des guten Rates

Maria, Mutter des Herrn,
wir bitten dich um deine Fürsprache:
Du bist die Ehre Jerusalems, die Freude
Israels, der Ruhm deines Volkes.
Du Mutter der Glaubenden, bitte für uns,
damit wir fester glauben.
Du Dienerin des göttlichen Wortes, bitte für
uns, damit wir bereitwilliger dienen.
Du Mutter der Notleidenden, bitte für uns,
dass wir fremder Not uns nicht verschließen.
Du Thron der Weisheit, bitte für uns,
damit wir weise werden.
Du Ursache unserer Freude, bitte für uns,
damit wir mehr Freude ausstrahlen.
Du Königin des Friedens, bitte für uns,
damit der Friede Christi in uns wohne.
Du Mutter des guten Rates, bitte für uns,
damit wir den Willen Gottes erkennen.
Du Hoffnung der Gläubigen, bitte für uns,
damit wir zum ewigen Heil gelangen.

Volkstümliches Wallfahrergebet

Dich rufen wir an

Maria,
du unsere Liebe Frau,
Mutter unseres Herrn Jesus Christus
und auch unsere Mutter,
dich rufen wir an um deine Fürbitte:

Zeige uns Sündern
den Weg zu Christus, der Vergebung Gottes;
begleite alle Betrübten und Trauernden
zu Christus, dem Trost Gottes!

Hilf uns,
Christus, das Leben, finden,
dass er uns bringe ins Reich des Vaters!

Überliefert

Hilf den Entmutigten!

Heilige Maria,
steh den Bedürftigen bei,
hilf den Entmutigten,
lass die Schwachen neuen Mut fassen!
Bitte für das Volk,
tritt ein für den Klerus,
sprich für alle heiligen Frauen!
Mögen alle, die dein Andenken ehren,
deine großartige Hilfe erfahren.
Bereitwillig hörst du die Stimmen derer,
die zu dir rufen,
und stillst das Verlangen jedes Einzelnen.
Lass es dir angelegen sein,
unaufhörlich Fürsprache einzulegen
für das Gottesvolk!
Denn du wurdest gewürdigt, o du Selige,
den Erlöser der Welt zu gebären,
ihn, der lebt und regiert
für immer und ewig.

Bischof Fulbert von Chartres († 1028)

Meine Königin und Fürsprecherin

Heilige Jungfrau, Mutter Gottes, du meine Königin und Führerin: Siehe, auch an dein Herz wende ich mich, weil du voll der Gnaden bist, und empfehle von heute an meinen Leib und meine Seele und alle meine Angehörigen deinem Schirm und deinem ganz besonderen Schutze!

Dir vertraue ich und deinen Händen übergebe ich alle meine Hoffnungen und Tröstungen, alle meine Trübsale und Bedrängnisse, sowie auch meine ganze Pilgerschaft hienieden und die Stunde meines Abscheidens von dieser Welt; damit ich, durch deine heiligen Verdienste und deine Fürbitten, in der einzigen Absicht alle meine Werke heute vollbringen kann, dass sie das Wohlgefallen deines göttlichen Sohnes erwerben.

Aloisius Gonzaga (1568–1591)

Kraft gab dir der Heilige Geist

Heilige Mutter unseres Herrn Jesus Christus,
du warst berufen,
den Heiland der Welt zu gebären.
Die Kraft dazu
hast du »von oben« bekommen.
Der Engel sagte zu dir:
»Der Heilige Geist wird über dich kommen
und die Kraft des Höchsten
wird dich überschatten.«
Ich komme heute zu dir
mit all meiner Schwachheit
und Kraftlosigkeit,
meinem Mangel an Mut und Freude.
Ich bitte um den Heiligen Geist,
dass ich genug Kraft bekomme,
das Leben zu bestehen;
dass meine Kräfte und Möglichkeiten
im richtigen Verhältnis zu dem stehen,
was jeden Tag von mir erwartet wird.
Mutter der Kirche, sei meine
Fürsprecherin beim Vater im Himmel!
Er möge mir denselben Geist senden,
der dich befähigt hat,
Unmögliches zu meistern
und Mutter unseres Erlösers zu werden.

Reinhard Abeln

Maria, ich wende mich an dich

Jungfrau Maria, Mutter Gottes
und meine Mutter,
Fürsprecherin, Zuflucht
und Beschützerin meines Lebens,
in tiefer Demut wende ich mich an dich;
zu Gott und zu dir habe ich großes Vertrauen:
Begleite mein Gebet,
nimm an meine Vorsätze
und meine Zuneigung!
Erflehe bei deinem göttlichen Sohn
die Gnaden, die ich brauche,
um meine Vorsätze ausführen zu können,
damit ich tugendhaft leben kann:
zur größeren Ehre Gottes,
zu deiner Ehre und für mein ewiges Heil!

Johann Baptist de la Salle († 1719)

Maria, Mutter, reine Magd

Maria, Mutter, reine Magd,
all unsre Not sei dir geklagt,
denn du bist voll der Gnaden;
Fürbitterin bei deinem Sohn,
sieh her, wir knien an Seinem Thron
mühselig und beladen.

Beladen mit ererbter Schuld,
mit eigner Schuld und Ungeduld,
wir schwachen Erdenwaller!
Wie unwert wir der Hilfe sind,
du hilfst uns doch, du bist so lind
und du erbarmst dich aller.

Sprich du für uns zu unserm Herrn,
dich liebt Er ja, dir lauscht Er gern,
dir kommt Er gern entgegen!
Nach Seinem Rat ward mir zuteil
ein reicher Hort von Huld und Heil,
ein volles Maß von Segen.

Du kennst des Lebens Bitterkeit,
den harten Drang, den schweren Streit,
auf diesen Erdenpfaden:

Maria, Mutter, reine Magd,
all unsre Not sei dir geklagt,
denn du bist voll der Gnaden.

Friedrich Wilhelm Weber (1813–1894)

*

Maria, bitte für mich!

Heller als die Sonne,
schöner als die Morgenröte
bist du, Maria,
gute und heilige Mutter!
Königliche Frau,
voll der Gnaden,
aller Engel und Heiligen Freude,
aller Christen Hilfe
bist du, Maria.
Bitte für mich bei Gott,
du, meine Schwester und Mutter!

Nach Hildegard von Bingen (1098–1179)

Du Schwester der Menschen

Heilige Maria,
du bist die Schwester der Menschen
und weißt, was wir brauchen.
Du bittest Christus um alles,
was uns nottut.
In jeder Not können wir
voll Vertrauen zu dir kommen.
Du bist unsere Fürsprecherin
und Helferin.
Darum rufe ich zu dir:
Du Schwester aller,
die in Not und Bedrängnis sind,
bitte für mich!

Reinhard Abeln

Ich bitte um Fürsprache

Heilige Jungfrau
und Gottesmutter Maria,
mein heiliger Engel
und ihr lieben Heiligen
des himmlischen Reiches,
legt Fürsprache für mich ein,
damit ich Gottes Huld
an mir erfahre!
Helft mir, gut zu sein!

Franz von Sales (1567–1622)

Zur Schmerzens-mutter

Mater Dolorosa

Mutter Gottes, Mutter Jesu,
auch unsere Mutter und Fürsprecherin
am himmlischen Throne.
Mutter der Freuden,
Mutter der Leiden;
Schmerzensmutter ein Leben lang!

Du warst nicht darauf vorbereitet.
Als Gottes Bote
dich erstmals informierte,
erschrakst du zutiefst:
Wie soll das geschehen?,
fragtest du voller Bangen.
Aber du glaubtest
der Botschaft Gabriels
und bewahrtest alles
in deinem Herzen.
Erneut wurdest du überrascht,

als der greise Simeon dir prophezeite,
dass ein Schwert deine Seele
durchbohren werde.

Nichts anders empfandet ihr,
als der Engel euch
zur Flucht nach Ägypten aufforderte:
Ihr gehorchtet im festen Vertrauen,
dass Gott es gut mit euch meinte.
Und du schwiegst, als der Zwölfjährige
im Tempel zu Jerusalem
dich und Josef mit der Frage überraschte:
Wusstet ihr nicht,
dass ich in dem sein muss,
was meines Vaters (im Himmel) ist?
Und weiter wuchs dein Gottvertrauen:
von der Hochzeit zu Kana
bis unters Kreuz auf Golgota
dein ganzes Leben lang!

»Mater dolorosa« wirst du genannt,
Schmerzensmutter!
Du bist nie verzweifelt.
Steh auch uns zur Seite,
wenn unsere Kräfte schwinden;
sei uns Fürsprecherin
am Throne deines Sohnes.

Adalbert Ludwig Balling

Christi Mutter stand mit Schmerzen

Christi Mutter stand mit Schmerzen
bei dem Kreuz und weint von Herzen,
als ihr lieber Sohn da hing.
Durch die Seele voller Trauer,
seufzend unter Todesschauer,
jetzt das Schwert des Leidens ging.

Welch ein Schmerz der Auserkornen,
da sie sah den Eingebornen,
wie er mit dem Tode rang!
Angst und Trauer, Qual und Bangen,
alles Leid hielt sie umfangen,
das nur je ein Herz durchdrang.

Wer könnt ohne Tränen sehen
Christi Mutter so da stehen
in so tiefen Jammers Not?
Wer nicht mit der Mutter weinen,
seinen Schmerz mit ihrem einen,
leiden bei des Sohnes Tod?

Ach, für seiner Brüder Schulden
sah sie ihn die Marter dulden,
Geißeln, Dornen, Spott und Hohn!
Sah ihn trostlos und verlassen
an dem blutgen Kreuz erblassen,
ihren lieben, einzgen Sohn.

Heilge Mutter, drück die Wunden,
die dein Sohn am Kreuz empfunden,
tief in meine Seele ein.
Ach, das Blut, das er vergossen,
ist für mich dahingeflossen;
lass mich teilen seine Pein.

Lass mich wahrhaft mit dir weinen,
mich mit Christi Leid vereinen,
solang mir das Leben währt.
Unterm Kreuz mit dir zu stehen,
unverwandt hinaufzusehen,
ist es, was mein Herz begehrt.

O du Jungfrau der Jungfrauen,
wollst in Liebe mich anschauen,
dass ich teile deinen Schmerz.
Dass ich Christi Tod und Leiden,
Marter, Angst und bittres Scheiden
fühle wie dein Mutterherz.

Lass mich tragen seine Peinen,
mich mit ihm am Kreuz vereinen,
trunken sein von seinem Blut.
Dass nicht zu der ewgen Flamme
der Gerichtstag mich verdamme,
steh, o Jungfrau, für mich gut.

Christus, um der Mutter Leiden
gib mir einst des Sieges Freuden
nach des Erdenlebens Streit.
Jesus, wann mein Leib wird sterben,
lass dann meine Seele erben
deines Himmels Seligkeit.

Jacopone da Todi (Stabat Mater), um 1300 (Gotteslob 532)

*

Du reine Maid

Mutter Gottes, du reine Maid,
ich bitt dich durch großes Leid,
das du hattest mit großer Klag,
da dein totes Kind vor dir lag,
komm mir zu Hilf in meiner Not
durch Jesus, deines Sohnes, bittren Tod!

Albrecht Dürer (1471–1528)

Du Schmerzensmutter

Heilige Maria,
du Schmerzensmutter!
An dir hat sich das Wort
des greisen Simeon erfüllt:
»Ein Schwert wird
deine Seele durchdringen.«
Das Leid unter dem Kreuz
konnte nicht größer
und schmerzlicher für dich sein.
Mutter der Barmherzigkeit,
nimm in dein Herz
auch meine Anliegen auf!
Sei mir Trösterin
in meinen Sorgen und Leiden!
Ich vertraue auf deine gütige
Fürsprache bei deinem Sohn,
dem du unter dem Kreuz
deine Treue bewahrt hast.

Reinhard Abeln

Du hast dir keine Denkmäler gesetzt

Heilige Maria, Mutter Gottes,
du hast in den Augen
moderner Menschen nichts getan,
was aus dir eine
»überragende Persönlichkeit«
gemacht hätte.
Du hast dir keine Denkmäler gesetzt.
Du warst »da«,
aber immer unter »ferner liefen«.
Immer wieder standest du
an einer Grenze,
wo es scheinbar nicht mehr weiterging.
Was dich auszeichnete, war,
dass du Leid und Schmerzen
ohne Bitterkeit
auf dich genommen hast.
Du hast dein Leben immer wieder
durchkreuzen lassen – wie Jesus,
der nichts anderes wollte,
als den Willen seines Vaters
zu erfüllen.
Mutter des Herrn, deine Art zu leben,
will ich mir zum Vorbild nehmen.
Das ist keine leichte Sache.

Aber »tausend Meilen beginnen
immer mit dem ersten Schritt«,
sagt ein chinesisches Sprichwort.
Bitte, hilf mir dabei!

Reinhard Abeln

✶

Ach neige, du Schmerzensreiche

Ach neige, du Schmerzensreiche,
dein Antlitz gnädig meiner Not!
Wer fühlet, wie wühlet,
der Schmerz mir im Gebein?
Was mein armes Herz hier banget,
was es zittert, was verlanget,
weißt nur du, nur du allein.
Die Scherben vor meinem Fenster
betraut ich mit Tränen, ach,
als ich am frühen Morgen
dir diese Blumen brach.
Hilf! Rette mich vor Schmach und Tod!
Ach neige, du Schmerzensreiche,
dein Antlitz gnädig meiner Not!

Johann Wolfgang von Goethe

Gib allen Hoffnung und Frieden!

Heilige Maria, ich bitte dich:
Vergiss nicht die Betrübnisse dieser Erde!
Schau voll Güte auf alle,
die Kummer und Leid tragen müssen!
Schau auf alle,
die mit Schwerem zu kämpfen haben!
Schau auf alle,
die die Bitterkeit des Lebens erfahren!
Habe Mitleid mit denen,
die einsam und verlassen sind!
Habe Mitleid mit denen,
die fassungslos weinen!
Habe Mitleid mit denen,
die weder ein noch aus wissen!
Gib allen Hoffnung und Frieden!

Reinhard Abeln

Beschützerin der Kranken

Mutter Gottes,
Beschützerin der Kranken.
Allen erwirkst du Rettung,
die unter deinen Schutz fliehen.
Bitte für uns,
dass wir in Krankheit, Trübsal
und Gefahr zu dir kommen
um Trost und Erlösung!

Ostkirchliches Gebet

Mutter aller Menschen

Erhabne Mutter

Erhabne Mutter, die den Herrn gebar,
durch dich steht uns der Weg zum Himmel offen;
o Meeresstern, führ du der Gläub'gen Schar,
die in dem Kampf auf deinen Beistand hoffen.

Du, die, o hohes Wunder, den gebar,
durch den du selbst und alle Welt entstanden;
du, die als Mutter selbst noch Jungfrau war,
befrei uns Arme von der Sünde Banden.

Franz Xaver Riedel (Ehrenbreitstein 1823)

Maria, Mutter des Herrn

Auf deinen Händen hast du Christus,
hast du Gott getragen,
in deinen Armen ihn umfangen,
an deiner Brust ihn genährt,
Maria, Mutter des Herrn.

Herrlich sind alle Geheimnisse
um dich, Mutter Jesu,
und höher, als Vernunft sie erfasst.

Freue dich, du Strahl der geistigen Sonne,
du Pfeil des unnahbaren Lichts,
freue dich, Maria, denn der Blitz
erleuchtet flammend die Seelen.

Lichtstrahlender Leuchter!
Es beglückt deines Sohnes Glanz
die im Dunkel wohnen.

Auf deinen Händen hast du Christus,
hast du Gott getragen,
in deinen Armen ihn umfangen,
an deiner Brust ihn genährt,
Maria, Mutter des Herrn.

Hymnus der Ostkirche

Maria, Mutter Jesu!

Zu Nazaret hast du unseren Alltag vorgelebt, mit Geduld und Güte.

Erwecke in uns deine Gedanken, gib uns deine Worte ein, hilf uns, deine Tugenden nachzuahmen!

Wir wollen unsere Arbeit gewissenhaft tun. Lehr du uns, sie zu heiligen, jeden Tag den Dingen, den Menschen, dem Opfer zuzulächeln!

Fülle die Einsamkeit des Herzens, tröste uns in unserer Schwermut!

Die Erinnerung an dich bewahre uns vor jedem Übel, gebe uns Kraft zum Schweigen, Güte zum Verstehen!

Segne, Jungfrau, unsere Lieben daheim! Schenke den Familien, in denen wir arbeiten, den Frieden! Erbitte uns und ihnen, was der täglichen Freude noch fehlt!

Gib, dass alle dich in uns sehen und wir in ihnen Gott dienen können!

Pilgergebet italienischer Hausgehilfinnen

Ich habe niemanden – nur dich!

Heilige Maria, Mutter aller Mütter und Väter auf dieser Erde! Vertrauensvoll wende ich mich an dich: Ich habe keine Mutter und keinen Vater. Ich habe niemanden, der mich richtig gern hat, der sich um mich kümmert. Keiner ist da, der mich besucht, der mir eine Freude macht.

Du bist die Einzige, die ich habe. Ich bitte dich: Sei mir Mutter und Vater zugleich! Höre mich an, wenn ich zu dir komme, wenn ich fröhlich bin und auch, wenn ich traurig bin! Tröste mich, wenn ich weine oder Angst habe!

Gute Mutter, ohne dich wäre mein Leben ohne Liebe und Freude. Segne mich und bleibe stets bei mir!

Reinhard Abeln

Ich liebe dich, gute Mutter

Maria,
ich liebe dich
als meine gute Mutter,
als Stern meiner Hoffnung,
als Vorbild meines Glaubens,
als Weg meiner Liebe.

Ich liebe dich
als Ursache meiner Freude,
als Mutter meines Herrn Jesus Christus,
als Licht in meiner Finsternis,
als Stütze in meinem Leben.

Danke, dass es dich gibt,
Maria!

Reinhard Abeln

Mutter der Güte und Barmherzigkeit

Maria, voll der Güte und Barmherzigkeit,
wer – außer deinem Sohn – kümmert sich
so sehr um die Menschen wie du?
Wer beschützt uns ohne Unterlass
in unseren Nöten?
Wer befreit uns von den Versuchungen?
Wer tritt wie du ein für uns Sünder?
Wer findet wie du
Entschuldigungen für uns,
wenn wir in Verzweiflung geraten?
Als Mutter hast du bei deinem Sohn
Freiheit und Einfluss;
du verwendest deine Fürbitte,
um uns zu retten.
Wer wäre niedergeschlagen
und wendete sich nicht an dich?
Wer ist nicht erhört worden,
nachdem er deinen Beistand angerufen hatte?

Germanos von Konstantinopel († 773)

Lass mich mit dir reden!

Heilige Maria,
lass mich mit dir reden,
wie das Kind mit seiner Mutter spricht!
Zu lange habe ich schon gewartet;
eigentlich hätte ich viel früher
zu dir kommen müssen.
Aber da war so vieles andere,
das mich in Beschlag genommen hat
und das mir viel wichtiger erschien.
Auch gab es da so viele andere,
die bei mir waren
und die mich nicht mehr losließen.
Ich sehe es heute ein,
ich hätte eher kommen sollen.
Trotzdem glaube ich, du freust dich,
dass ich wenigstens heute zu dir komme.
So lass mich mit dir reden, Mutter,
wie das Kind zur Mutter spricht!

Reinhard Abeln

Zeig du mir den rechten Pfad

Mutter mit dem Jesuskinde,
Mutter du vom guten Rat.
Wenn ich keinen Ausweg finde,
zeig du mir den rechten Pfad!

In den verschiedenen Lagen
meines Lebens steh mir bei,
dann vermag ich stets zu sagen,
dass ich gut beraten sei.

Doch vernimm jetzt meinen Willen,
den ich zeige durch die Tat:
Immer werde ich erfüllen,
Mutter, deinen guten Rat.

Überliefert

Jungfrau, Mutter Gottes mein

Jungfrau, Mutter Gottes mein,
lass mich ganz dein Eigen sein!
Dein im Leben und im Tod,
dein in Unglück, Angst und Not;
dein in Kreuz und bitterm Leid,
dein für Zeit und Ewigkeit.
Jungfrau, Mutter Gottes mein,
lass mich ganz dein Eigen sein!

Mutter, auf dich hoff und baue ich!
Mutter, zu dir ruf und seufze ich!
Mutter, du Gütigste, steh mir bei!
Mutter, du Mächtigste, Schutz mir leih!

O Mutter, so komm, hilf beten mir!
O Mutter, so komm, hilf streiten mir!
O Mutter, so komm, hilf leiden mir!
O Mutter, so komm und bleib bei mir!

Du kannst mir ja helfen, o Mächtigste!
Du willst mir ja helfen, o Gütigste!
Du musst mir nun helfen, o Treueste!
Du wirst mir auch helfen, Barmherzigste!

O Mutter der Gnade, der Christen Hort,
du Zuflucht der Sünder, des Heiles Pfort,
du Hoffnung der Erde, des Himmels Zier,
du Trost der Betrübten, ihr Schutzpanier.

Wer hat je umsonst deine Hilf angefleht?
Wann hast du vergessen ein kindlich Gebet?
Drum ruf ich beharrlich in Kreuz und in Leid:
Maria hilft immer! Sie hilft jederzeit!

Ich ruf voll Vertrauen in Leiden und Tod:
Maria hilft immer, in jeglicher Not!
So glaub ich und lebe und sterbe darauf:
Maria hilft mir in den Himmel hinauf.

Jungfrau, Mutter Gottes mein,
lass mich ganz dein Eigen sein!
Dein im Leben und im Tod,
dein in Unglück, Angst und Not;
dein in Kreuz und bitterm Leid,
dein für Zeit und Ewigkeit.
Jungfrau, Mutter Gottes mein,
lass mich ganz dein Eigen sein!

Überliefert

Begleite mich auf meinen Wegen

Maria,
du, meine große und gute Mutter!
Du bist die Freude meines Lebens.
Du weist mir den Weg und die Richtung
auf den vielen Straßen meines Lebens.
Aber du kennst auch meine Schwächen
und weißt, wie viel nur
ungetanes Wollen bleibt.
Darum bitte ich dich:
Begleite mich stets
mit deinem wissenden Blick
und deinem hörenden Herzen,
wohin immer ich gehe!
Lass mich nie aus deinem Auge
und entziehe mir nie
die Güte deines Mutterherzens!
Danke, gute und heilige Frau!

Reinhard Abeln

Du bist auch meine Mutter

Heilige Maria,
Mutter unseres Herrn Jesus Christus:
Du bist die Auserwählte Gottes.
Dich hat Franziskus verehrt
als die Königin des Himmels
und der Erde.
Durch die gütige Fürbitte
bei deinem göttlichen Sohn
schenkst du den Kranken Gesundheit,
den Betrübten Trost
und den Verlassenen Hilfe.
Ich bitte dich:
Sei auch mir eine gute Fürsprecherin,
damit ich alle Schmerzen,
Nöte und Widerwärtigkeiten
geduldig und gottgefällig ertrage!
Du kannst mir helfen
in meinen Anliegen,
denn du bist auch meine Mutter.

Reinhard Abeln

Gebet zu Maria

Sei gegrüßt, des Lammes Mutter und des Hirten;
sei gegrüßt, Hirtin der geistigen Schafe.
Sei gegrüßt, du beschützest vor den unerkannten Gegnern;
sei gegrüßt, du erschließest das Heiligtum des Paradieses.
Sei gegrüßt, die Himmel jauchzen mit der Erde;
sei gegrüßt, in Christus frohlocken alle Geschöpfe.
Sei gegrüßt, durch dich sind die Apostel mündig geworden;
sei gegrüßt, an dir haben die Märtyrer Gleichmut gewonnen.
Sei gegrüßt, du starker Halt des Glaubens;
sei gegrüßt, du lichte Offenbarung der Gnade.
Sei gegrüßt, durch dich wird die Unterwelt entmachtet;
sei gegrüßt, von dir sind wir im Glauben ermächtigt.
Sei gegrüßt, du jungfräuliche Mutter!

Nach dem Hymnus Akathistos der Ostkirche

Liebste Mutter

Liebste Mutter, wollest schauen
auf dein Volk, das mit Vertrauen
dich als seine Mutter ehrt,
von dir Hilf und Trost begehrt.

Segne uns in deinem Herzen,
tröste uns in unsern Schmerzen,
steh uns bei in aller Not,
zeig uns Jesus nach dem Tod!

Überliefert

Maria hat geboren

Maria hat geboren,
aus ihrem Fleisch und Blut,
das Kindlein auserkoren,
das wahrer Mensch und Gott.

Es liegt hier in der Wiege,
das liebe Kindelein;
sein Antlitz wie ein Spiegel:
Gelobet muss es sein!

Maria, Gottes Mutter,
gelobet musst du sein!
Jesus ist unser Bruder,
das liebe Kindelein!

Dürft' ich das Kindlein küssen
an seinen lieben Mund
und wär' ich krank, fürwahr:
Ich würd' davon gesund.

Johannes Tauler (nach 1300–1361)

Zur Muttergottes am Abend

Allerseligste Jungfrau Maria,
meine getreue Mutter
und Fürsprecherin,
aus kindlicher Liebe und Dankbarkeit
grüße ich dich am Ende dieses Tages
und danke dir für alle
mütterliche Liebe und Treue,
die du mir heute und allezeit
bewiesen hast.
In deinen jungfräulichen Schoß
und besonderen Schutz
befehle ich diese Nacht
meinen Leib und meine Seele,
mein Schlafen und Wachen,
mein Leben und Sterben,
damit ich durch deine heilige Fürbitte
jetzt und allezeit
von allem schädlichen Übel
möge bewahrt werden.

Überliefert

Danke, heilige Mutter!

Danke, heilige Gottesmutter,
dass du die Botschaft des Engels
mit gläubigem Herzen
aufgenommen hast!

Danke, dass du Jesus,
den Urheber des Lebens,
geboren hast!

Danke, dass du weiterverschenkst,
was du geschenkt bekommen hast!

Danke, dass du als »Mutter aller Mütter«
mit deiner Fürbitte
bei deinem Sohn für uns einstehst!

Danke, dass du alle Schmerzen,
alles Ungewisse, alle Fragezeichen,
alle unerträglichen Spannungen
ohne Bitterkeit und Verbitterung
ausgehalten hast!

Danke, dass du als »Zuflucht der Bedrängten«
und »Trösterin der Betrübten«
allen zur Seite stehst,
die weder aus noch ein wissen.

Danke, dass du stets bei uns bist
und sofort merkst,
wenn der »Wein ausgeht« –
der Wein des Mutes, der Hoffnung
und der herzlichen Güte!

Danke, dass du uns sagst,
dass wir nicht zufällig auf der Welt sind,
sondern dass Gott am Anfang
eines jeden Menschen steht,
dass er ihn von Ewigkeit her
in seine Hand geschrieben
und mit Namen gerufen hat!

Reinhard Abeln

Um einen guten Tod

Maria, liebste Mutter mein

Maria, liebste Mutter mein,
ich lad zu meinem Tod dich ein;
schlägt einstens meine letzte Stund,
so suche ich dich in der Rund.
O lass mich nicht vergebens flehn;
wollst helfend mir zur Seite stehn!

Maria, liebste Mutter mein,
o finde dich recht pünktlich ein,
wenn alles Ird'sche mich verlässt,
halt mich an dir, o Mutter, fest!
Lass mich im Tode nicht allein,
nein, wolle zeitig bei mir sein.

Maria, liebste Mutter mein,
ich weiß, du lässt mich nie allein.
Und wenn das Herz mir sterbend bricht,
begleite du mich ins Gericht.
Beim Sohne lege Fürbitt ein
für mich, geliebte Mutter mein.

Maria, liebste Mutter mein,
ich lade dich so herzlich ein!
Ich bitte dich so treu und oft,
lass denn geschehn, wie ich gehofft:
Im Sterben wollest bei mir sein
und führen mich zum Himmel ein!

Mittelalterliches Sterbegebet

*

Es will das Licht des Tages scheiden

Es will das Licht des Tages scheiden,
nun bricht die stille Nacht herein.
Ach, könnte doch des Herzens Leiden
so wie der Tag vergangen sein.
Ich leg mein Flehen dir zu Füßen,
o trags empor zu Gottes Thron
und lass, Madonna, lass dich grüßen
mit des Gebetes frommen Ton.
Ave Maria …

Es will das Licht des Glaubens scheiden,
es bricht des Zweifels Nacht herein.
Das Gottvertraun der Jugendzeiten,
es soll mir, ach, gestohlen sein.

Erhalt, Madonna, mir im Alter
der Kindheit frohe Zuversicht;
schütz meine Harfe, meine Psalter,
du bist mein Heil, du bist mein Licht.
Ave Maria ...

Es will das Licht des Lebens scheiden,
nun bricht des Todes Nacht herein.
Die Seele will die Schwingen breiten;
es muss, es muss gestorben sein.
Madonna, ach, in deine Hände
leg ich mein letztes heißes Flehn.
Erbitte mir ein gläubig Ende
und dann ein selig Auferstehn.
Ave Maria ...

Karl May (1842–1912)

*

Maria, Quell der Gütigkeit

Maria, Quell der Gütigkeit,
du Mutter der Barmherzigkeit;
beschirme uns, der Feind uns droht;
begleit uns in des Todes Not!

John Henry Newman (1801–1890)

Maria, wir rufen zu dir

Litanei zur Frau aus Nazaret

Ehre sei dir, Gott, unserem Schöpfer!
Hauch uns neues Leben ein,
gib uns neuen Sinn!
Ehre sei dir, Gott, unserem Befreier!
Führe uns auf den Weg
der Gerechtigkeit und des Friedens!
Ehre sei dir, Heiliger Geist!
Heile und wandle uns um,
damit wir andere zu einem neuen Leben
ermutigen können!

Maria, Quelle des Friedens – A: Begleite uns!
Du Vorbild im Mut
Du Vorbild in der Sanftheit
Du Vorbild im Vertrauen
Du Vorbild in der Geduld
Du Vorbild in der Risikobereitschaft

Du Vorbild in der Offenheit
Du Vorbild in der Ausdauer

Mutter des Befreiers – **A:** Bitte für uns!
Mutter der Obdachlosen
Mutter der Sterbenden
Mutter der Gewaltlosen und Friedfertigen
Mutter der politischen Gefangenen
Mutter der wegen ihres Glaubens zum Tode
Verurteilten

Frau aus den Reihen der Unterdrückten –
A: Führe uns zum Leben!
Befreierin der Unterdrückten
Trost der Betrübten
Schwester aller benachteiligten Frauen
Zeichen des Widerspruchs
Überwinderin aller Fesseln
Du politischer Flüchtling
Du Asylsucherin
Erste Jüngerin Jesu
Teilhaberin an seinem Leiden
Zeugin seiner Auferstehung

Frau des Erbarmens – **A**: Ermutige uns!
Frau des Glaubens
Du kontemplative Frau
Du prophetische Frau
Frau der Weisheit und voll des Verständnisses
für andere
Frau, die mit Hoffnung schwanger ging

Maria, Königin des Friedens.
Dir vertrauen wir unser Leben an.
Schütze uns vor Krieg, Hass und Unter-
drückung!
Zeige uns, wie wir uns und andere
zum Frieden erziehen können.
Gib uns gerechtes Handeln ein
und lass uns Gottes Schöpfung ehren und
bewahren!
Lass den Frieden tief in unseren Herzen
und in unserer Welt verwurzelt sein!
A: Amen.

Aus den USA

»Was er euch sagt, das tut!«

Mutter Gottes,
nach dem Zeugnis der Bibel
warst du nicht sehr gesprächig.
Aber die sechs Worte,
die du bei der Hochzeit in Kana
gesagt hast,
sind wegweisend für alle Zeiten:
»Was er euch sagt, das tut!«
Wie in deinem Leben,
so soll Jesus auch in meinem Leben
die Mitte sein und bleiben.
Ich weiß aus vielerlei Erfahrung:
Alles, was nicht in der Mitte
aufgehängt ist, hängt schief.
Jesus weiß den Weg für mich.
Meine Sache ist es,
auf ihn zu lauschen,
seine »Klopfzeichen« wahrzunehmen.
Dein Wort an die Diener
soll mein täglicher Begleiter sein:
»Was er euch sagt, das tut!«
Lass mich dies nie vergessen,
gute Mutter!

Reinhard Abeln

Liebt doch Gott die leeren Hände ...

Heilige Mutter Maria,
du hast keine Bücher geschrieben.
Wir kennen nur wenige Worte
aus deinem Munde.
Du gehörst zu den wahrhaft
Stillen im Lande.
Was ich an dir bewundere,
ist deine Bescheidenheit –
verbunden mit dem Entschluss,
dich in das Unvermeidliche,
das Gott dir auferlegt hat,
zu fügen.
Diese Tugend der Bescheidenheit
möchte ich von dir lernen.
Wer bescheiden ist,
wer darüber hinaus bereit ist,
alles loszulassen,
weil es nun einmal Gott
in seiner undurchschaubaren
Weisheit so will,
der wird alles wiedergewinnen.
Liebt doch Gott die leeren Hände ...
Hilf mir, gute Mutter,
so wie du zu werden!

Reinhard Abeln

Lasst uns erfreuen herzlich sehr

Lasst uns erfreuen herzlich sehr, Halleluja,
Maria seufzt und weint nicht mehr, Halleluja.
Verschwunden sind die Nebel all, Halleluja,
jetzt glänzt der lieben Sonne Strahl, Halleluja.
Halleluja, Halleluja, Halleluja.

Wo ist, o freudenreiches Herz, Halleluja,
wo ist dein Weh, wo ist dein Schmerz? Halleluja.
Wie wohl ist dir, o Herz, wie wohl, Halleluja,
nun bist du aller Freuden voll. Halleluja.
Halleluja, Halleluja, Halleluja.

Sag an, Maria, Jungfrau rein, Halleluja,
kommt das nicht von dem Sohne dein? Halleluja.
Ach ja: Dein Sohn erstanden ist, Halleluja,
kein Wunder, dass du fröhlich bist. Halleluja.
Halleluja, Halleluja, Halleluja.

Aus seinen Wunden fließen her, Halleluja,
fünf Freudenseen, fünf Freudenmeer, Halleluja.
Der Freud sich über dich ergoss, Halleluja,
und durch dein Herz die Freude floss. Halleluja.
Halleluja, Halleluja, Halleluja.

Dein Herz nun ganz in Freuden schwimmt,
  Halleluja,
und zu und zu die Freude nimmt, Halleluja.
Ach, nun vergiss auch unser nit, Halleluja,
und teil auch uns ein Tröpflein mit. Halleluja.
Halleluja, Halleluja, Halleluja.

Friedrich Spee (1623) (Gotteslob Nr. 533)

*

Marianische Litanei

Ich bin der Berg.
Er ist der Stein.

Ich bin der Königshof.
Er ist der König.

Ich bin der Stern.
Er ist die Sonne.

Ich bin die Bundeslade.
Er ist das Manna.

Ich bin der Dornbusch.
Er ist das Feuer.

Ich bin der Weihrauchstrauch.
Er ist der Weihrauch.

Ich bin die Stadt.
Er ist ihr Gründer.

Ich bin das Schaf.
Er ist das Lamm.

Ich bin sanft und barmherzig.
Er noch viel mehr.

Ich liebe den Frieden.
Er gibt ihn selbst.

Ich bin ein schwaches Geschöpf.
Er ist mein Gott.

Marien-Litanei aus Clairvaux, 13. Jahrhundert,
dem heiligen Bernhard zugeschrieben.

Maria zu lieben

Maria zu lieben ist allzeit mein Sinn;
in Freuden und Leiden ihr Diener ich bin!
Mein Herz, o Maria, brennt ewig zu dir
in Liebe und Freude, o himmlische Zier!

Maria, du milde, du süße Jungfrau!
Nimm auf meine Liebe, so wie ich vertrau!
Du bist ja die Mutter; dein Kind will ich sein,
im Leben und Sterben dir einzig allein!

Ach, hätt ich der Herzen nur tausendmal mehr!
Dir tausend zu geben, das ist mein Begehr.
Nimm Freund und Verwandte mit Leib und mit Seel!
Nimm, was ich nur liebe, in deinen Befehl!

Sooft mein Herz klopfet, befehl ich mich dir;
sooft ich nur atme, verbind ich mich dir!
Dich lieb ich auf ewig, dich lieb ich allzeit;
so bin ich mit Freuden zu sterben bereit.

O Mutter, nun segne den ewigen Bund;
dein Name versiegle mein Herz und den Mund!
Dich ruf ich im Tode, dann reich mir die Hand
und zieh mich nach oben ins himmlische Land!

Aus dem 18. Jahrhundert

Ich will dir nachfolgen

Heilige Maria, du hast dem Engel Gabriel,
der zu dir eintrat, gesagt:
»Ich bin die Magd des Herrn;
mir geschehe, wie du es gesagt hast!«
Immer standest du im Hintergrund.
Du warst eine Frau in der Stille.
Du hast weitergegeben,
was du geschenkt bekamst.

Wie eine leere Schale
hast du dich Gott hingehalten.
Du hast dich in Gottes Hand hineingegeben:
bei der Flucht nach Ägypten,
bei der Weissagung Simeons,
bei der Suche nach dem verlorenen Kind,
dessen Antwort du nicht verstanden hast.
Lass mich dir ähnlich werden,
gute Mutter unseres Herrn!

Ich will dir nachfolgen.

Das heißt: mich nicht so wichtig machen;
in der zweiten oder letzten Reihe stehen;
mich zurücknehmen;
hin und wieder einen Schritt zurückgehen,

um dann, wenn die Stunde gekommen ist,
zwei Schritte vorwärtsgehen zu können;
nichts erzwingen;
für den Herrn offen sein wie eine Schale!

Mutter Gottes,
die du den Urheber des Lebens geboren
hast, hilf mir in meinem Bemühen!
Lass mich immer näher zu dir finden!
Lass mich nicht allein!

Reinhard Abeln

*

Ich sehe dich in tausend Bildern

Ich sehe dich in tausend Bildern,
Maria, lieblich ausgedrückt,
doch keins von allen kann dich schildern,
wie meine Seele dich erblickt.

Ich weiß nur, dass der Welt Getümmel
seitdem mir wie ein Traum verweht
und ein unnennbar süßer Himmel
mir ewig im Gemüte steht.

O du Heilige, du Reine,
Fromme wie der Frommen keine,
schönste Blum' auf Gottes Flur,
auserwählteste Natur!

Aller Seraphinen Chöre
nennen dich der Menschheit Ehre.
Wer ist's, der den Sohn erkennt,
der dich nicht mit Ehrfurcht nennt?

Mütterlichstes aller Herzen,
zahllos waren deine Schmerzen,
nun sind deiner Freuden mehr
als der Sterne zahllos Heer!

Alle menschlichen Geschlechter,
Heiligste der Erdentöchter,
Urbild der Bescheidenheit,
preisen deine Seligkeit!

Friedrich von Hardenberg/Johann Caspar Lavater
(beide † 1801)

Gib mir ein großes Herz!

Maria, bewahre mir das Herz eines Kindes,
rein und klar wie das Wasser einer Quelle!
Schenke mir ein einfaches Herz,
das vom Leid nicht betrübt wird!
Ein großzügiges Herz,
das leiden kann mit dem anderen!
Ein treues Herz,
das das Gute nicht vergisst
und das Böse nicht nachträgt!
Ein mildes und demütiges Herz,
das gibt, ohne eine Antwort zu erwarten,
das sich freut, sich im andern zu verlieren!
Gib mir ein großes und weites Herz,
das durch keine Undankbarkeit
verschlossen wird
und durch keine Gleichgültigkeit
sich verhärtet!
Ein Herz, das sich müht
um die Ehre deines Sohnes,
das verwundet ist von seiner Liebe,
dessen Wunden erst heil werden im Himmel!

Léonce de Grandmaison SJ († 1927)

Freu dich, Maria!

Freu dich, Jungfrau, weil geschehen
durch des Heil'gen Geistes Wehen,
was dir Gabriel verhieß!
Freu dich, weil du Gott geboren
ohne Schmerz und nicht verloren
deiner Keuschheit Lilienvlies!

Freu dich, weil ihr Angebinde
brachten deinem heil'gen Kinde
Magier aus fernem Land!
Freu dich, weil dein Sohn, den hangen
du am Kreuz sahst voll Bangen,
von den Toten auferstand!

Freu dich, weil auch du gewahren
Christum durft'st gen Himmel fahren
durch des eignen Willens Kraft!
Freu dich, weil dein Aug' erblicket
hat den Geist, den er geschicket
nieder auf die Jüngerschaft!

Freu dich, weil du aufgehoben
wardst zum Himmel und nun droben
hoher Ehr' teilhaftig bist!

Bitte ihn, den du empfangen,
dass auch wir zu ihm gelangen,
dort, wo ew'ge Freude ist!

Hymnus (Gaude, virgo, mater Christi)

*

Patronin der Reisenden

Heilige Gottesmutter,
auch du warst unterwegs –
von Nazaret nach Betlehem,
wo man dir die Herberge verwehrte.
Du hast deine Heimat verlassen,
um nach Ägypten zu fliehen
vor den Häschern des Herodes.
Du musstest in der Fremde
als Flüchtling und Asylant
das Leben fristen.
Nach eurer Rückkehr
aus der Fremde
bist du mit Josef und dem
inzwischen Zwölfjährigen
zum Tempel hinauf
nach Jerusalem gepilgert ...

Du hast die Risiken und Gefahren
der Straßen kennengelernt
und das karge Leben der Pilger.
Wir bitten dich voll Vertrauen:
Hilf uns, dankbar zu sein
für alles Gute, was wir auf
unseren Reisen erleben dürfen.
Stehe uns bei,
damit wir sicher und wohlbehalten
unser Ziel erreichen.
Deine Fürsprache erwirke uns
Gottes Schutz und Segen.
Sie bewahre uns vor den Gefahren
der Waghalsigkeit und des Übermuts.
Sie schütze uns und alle,
denen wir unterwegs begegnen.
Sie geleite uns am Ende
unserer Lebensreise
ins himmlische Paradies.

Adalbert Ludwig Balling

Zur Schwarzen Madonna in Köln

Maria, unsre Königin,
dich ehren und lobpreisen wir –
vereint in deinem Heiligtum.
Nimm dieses Lob zu deinem Ruhm,
zur Ehr', dir, milden Herrscherin!
Schwarze Mutter Gottes,
nimm unser Loblied an,
Schwarze Mutter Gottes,
nimm unser Loblied an!

Maria, unsre Königin,
von Herzen danken wir dir hier
für Schutz und Segen in Gefahr,
wann Not und Jammer bei uns war.
Dank sei dir, mächt'gen Mittlerin!
Schwarze Mutter Gottes,
nimm unser Danklied an!

Maria, unsre Königin,
mit vielen Bitten kommen wir.
Verlass uns nicht in dieser Zeit,
sei nahe uns und hilfsbereit,
du gütige Fürsprecherin!
Schwarze Mutter Gottes,
nimm unsre Bitten an!

Kurzgebete zu Maria

Maria, Mutter des Herrn,
Mutter der Barmherzigkeit,
bitte für mich!

*

O meine Gebieterin, o meine Mutter,
stehe mir bei;
zeige, dass du meine Mutter bist!

*

Sei gegrüßt, o Königin,
Mutter der Barmherzigkeit,
unser Leben, unsere Wonne
und unsere Hoffnung,
sei gegrüßt!

*

Maria mit dem Kinde lieb,
uns allen deinen Segen gib!

✶

Maria, Trösterin der Betrübten
und Hilfe der Christen!
Wende deine barmherzigen Augen mir zu
und zeige mir nach diesem Elend Jesus,
die gebenedeite Frucht deines Leibes!
O gütige, o milde,
o süße Jungfrau Maria!

✶

Maria, Quell der Gütigkeit,
du Mutter der Barmherzigkeit:
Beschirme, wenn der Feind uns droht,
empfang uns in des Todes Not!

✶

Heilige Mutter, drück die Wunden,
die dein Sohn am Kreuz empfunden,
tief in meine Seele ein!

✶

Meerstern, ich dich grüße,
Gottesmutter süße,
allzeit Jungfrau reine,
Himmelspfort alleine!
Schau voll Huld vom Himmelsthron,
bitt für uns beim lieben Sohn,
o Jungfrau Maria!

*

Der Herr hat Großes an dir getan;
alle Völker preisen dich selig.

*

Heilige Maria, Muttergottes,
bitte für uns arme Sünder,
jetzt und in der Stunde des Todes!

Zum Ausklang

Marienverehrung in den Familien und klösterlichen Gemeinschaften

In den fränkischen Familien war es vor, während und kurz nach dem 2. Weltkrieg noch üblich, vor allem winters, wenn die Feldarbeiten weithin ruhten, zu Hause, im Kreise der Großfamilie, abends, wenn es draußen schon dunkel wurde, gemeinsam den Rosenkranz zu beten.

Da saßen dann alle, Kinder und Erwachsene (Bauersleute, Mägde und Knechte, Onkel und Tanten, Oma und Opa) in der warmen Küche (dem einzigen Raum im Haus, der geheizt wurde) beisammen und beteten zur Gottesmutter, meist in bestimmten Anliegen, zum Beispiel wenn jemand der Großfamilie krank war oder eines der Tiere. Oder während des Krieges um heile Rückkehr der Soldaten. Oder auch um eine gute Ernte im kommenden Jahr.

Die Erwachsenen gingen währenddessen ihren Handarbeiten nach; die Frauen strickten

Socken oder Pullover, die Männer verrichteten diverse Arbeiten, zu denen man sich nur in den Wintermonaten Zeit nahm.

Unser Papa flocht zum Beispiel an Strohnäpfen oder an Weidenkörben, während einer der anderen Männer Reisigbesen fertigte oder Holzrechen herstellte. – Diese Handarbeiten wurden lautlos verrichtet; sie störten keineswegs das gemeinsame Beten. – Dazwischen sang man ein paar Kirchenlieder oder las im Anschluss an den Rosenkranz einen Feldpostbrief vor. Manchmal wurde, vor allem für die Kinder, auch eine Legende oder ein Märchen vorgelesen.

Im Sommer, wenn die schweren Feldarbeiten, vor allem während der Erntezeit, dieses gemeinsame Beten zeitlich kaum zuließen, gab es etliche andere Anlässe, in den Familien den Rosenkranz zu beten, etwa wenn ein schweres Gewitter heraufzog oder jemand aus der Dorfgemeinschaft gestorben war. Unsere Mama zündete dann eine geweihte Wachskerze an – und wir beschworen Gott, die Gottesmutter und andere Heilige, uns vor Blitzeinschlägen und dergleichen zu bewahren.

In vielen Ordensgemeinschaften kennt man heute noch das gemeinsame Rosenkranzgebet in den Oktobertagen – oder auch beim Tod eines der Mitglieder des betreffenden Klosters bzw. ihrer internationalen Gemeinschaft.

Ähnlich wie im Oktober gibt es auch die sogenannten Maiandachten, die täglich an den Maitagen abgehalten werden. Der Monat Mai gilt ja in besonderer Weise der Wertschätzung der Gottesmutter. Maria, die Maienkönigin, wird in diesen Tagen in besonderer Weise respektiert, nicht zuletzt durch ausgesuchten Blumenschmuck am Marienaltar und eben den Maria zu Ehren verrichteten Maiandachten. Dabei wird sie *nie* als »eigenmächtige Wundertäterin« verehrt, sondern als »Mittlerin« vor Gottes Thron.

Adalbert Ludwig Balling

Die Madonna im KZ Dachau

Dass Maria, die Gottesmutter, auch im Kriegsgefangenenlager von Stalingrad verehrt wurde, ist weithin bekannt; bekannt ist vor allem die »Madonna von Stalingrad«, gezeichnet kurz vor Weihnachten 1943 von einem evangelischen Pastor, der im Lager festgehalten wurde.

Sehr viel weniger bekannt ist die »Madonna von Dachau«, eine Holzfigur aus dem Sudetenland. Sie wurde per Postpaket, gut verpackt, ins Lager gebracht und dort in der Kapelle der Priesterbaracke (Block 26) aufgestellt. Aus dieser Zeit stammt auch das Gebet zur Gottesmutter von Dachau, verfasst von Pfarrer Johann Schulz, der im August 1941 im KZ Dachau ums Leben kam:

Unsere liebe Frau von Dachau! Obwohl wir selbst des Trostes bedürfen, bitten wir dich: Tröste alle, die deine Hilfe nötig haben. Es ist Krieg – und Millionen leiden Tag und Nacht Gefahren für Leib und Seele. Zeige, dass du Mutter bist, und stärke sie.

Millionen haben Haus und Heim verloren und irren obdachlos umher. Bei dem Leid, das du selbst in Ägyptens Verbannung ertragen hast – sei ihnen Zuflucht und Kraft! Und bei dem großen Schmerz, den du selbst unter dem Kreuz erduldet hast, tröste die Kranken und Verwundeten, gib Kraft den Gefangenen und stehe in der Todesstunde allen bei, die ihr Leben opfern müssen ...

Segne und stärke unsere Bischöfe und den Heiligen Vater in Rom – und alle, die Not und Leiden lindern helfen; die den Frieden fördern.

Und kommst du, liebe Frau von Dachau, dorthin, wo unsere Eltern und Angehörigen, unsere Pfarrkinder und

Mitarbeiter schon so lange auf unsere Heimkehr warten, dann sag ihnen, dass du über uns wachst – im Leben wie im Sterben.

Unsere liebe Frau von Dachau, zeige, dass du Mutter bist, wo die Not am größten ist. (leicht gekürzt)

Einer der Priesterhäftlinge, die das Konzentrationslager überlebten, meinte später: In Dachau gewesen zu sein, bedeute nicht viel, aber in Dachau den Weg zu Gott intensiver gesucht und gefunden zu haben – das sei die eigentliche Gnade jener Jahre gewesen. Darin allein liege Heil und Auftrag, »bis zum Ende des uns neu geschenkten Lebens«. Die tägliche Messfeier in der Lagerkapelle und die Zwiesprache vor dem Tabernakel und der Marienstatue hätten viel zu ihrem Überleben beigetragen.

(Heute steht die Dachauer Madonna in der Kapelle des Schwesternklosters [Karmelitinnen] gleich hinter dem Stacheldraht und einem der Wachtürme von ehedem.)

Adalbert Ludwig Balling

Marienverehrung in aller Welt

Es gibt zahlreiche, sicher Tausende von Kapellen, Kirchen und Wallfahrtsorte zu Ehren der Gottesmutter in aller Welt. Überall, wo Christen leben, wird auch Maria verehrt; auch in den orthodoxen Religionen.

Mit zu den bekanntesten zählen die großen Pilgerorte wie Lourdes in Frankreich, Fatima in Portugal, Maria Zell in Österreich, Altötting in Bayern, Kevelaer in Nordrhein-Westfalen; ferner Einsiedeln in der Schweiz und Tschenstochau in Polen. Und natürlich auch die großen Marienzentren in Mexiko, Brasilien und Argentinien ...

Gewiss könnten hier noch viele andere Pilgerorte zu Ehren der Gottesmutter erwähnt werden, die jährlich von Tausenden Menschen aufgesucht werden. Sie alle tragen Maria ihre Anliegen und Sorgen vor – und kehren oft, innerlich gestärkt und bestätigt, wieder in ihre Heimat zurück.

Hier stellt sich die Frage: Warum nehmen Menschen die mitunter schweren Opfer von Pilgerreisen auf sich? Was drängt sie dazu, tage- und wochenlang unterwegs zu sein?

Warum wallfahrten sie überhaupt? Übrigens, auch in anderen Religionen kennen wir dieses Phänomen.

Halten wir fest: Wer pilgert, bricht auf zu Neuem; ist willens, sich und andere besser kennenzulernen; er tut es, um Frieden und Versöhnung unter den Menschen zu fördern; vielleicht auch, um, wenn andere Länder und Regionen bereisend, toleranter zu werden und bescheidener, vielleicht auch vertrauensvoller und zuversichtlicher ...

Auf die Marienverehrung ganz allgemein und auf die großen Marienwallfahrtsorte im Besonderen bezogen, müssen wir hinzufügen: Diese Pilger nehmen das Harte, weil sie einerseits Buße tun wollen (für verübte Untaten oder Versäumnisse), andererseits weil sie Maria als »Helferin in ihren Nöten« um Fürsprache bitten wollen, wohlwissend um ihren (Marias) besonderen Einfluss auf ihren göttlichen Sohn.

Denn wenn je ein Mensch zu Jesus, dem Sohne Gottes, einen besonders engen Bezug hatte und weiterhin hat, dann mit Sicherheit durch Maria! Denn welcher Sohn würde seiner Mutter eine besondere Bitte abschlagen wollen!?

Adalbert Ludwig Balling

Die Herausgeber

Reinhard Abeln,

Dr. phil., geb. 1938, studierte nach der Ausbildung zum Grund- und Hauptschullehrer Philosophie, Psychologie, Pädagogik und Anthropologie. Er war als Journalist in der Kirchenpresse und Referent in der Erwachsenenbildung tätig. Als Autor hat er zahlreiche Veröffentlichungen über Lebens-, Ehe- und Erziehungsfragen vorgelegt sowie viele Kinderbücher verfasst. Reinhard Abeln ist verheiratet und hat zwei erwachsene Kinder.

Adalbert Ludwig Balling,

geb. 1933, ist Mariannhiller Missionar. Nach sechseinhalb Jahren in Rhodesien/Simbabwe (und dann wieder in Deutschland) war er als Journalist, Redakteur und Publizist tätig. Seine Bücher fanden weite Verbreitung. Dutzende wurden in Fremdsprachen übersetzt. Auf zahlreichen Foto- und Info-Reisen lernte er Menschen und Kulturen auf allen Erdteilen kennen. Die von ihm herausgegebene Reihe der »Mariannhiller Geschenkbände« umfasst 120 Titel. Seine umfangreichen Biografien wurden zu Standardwerken missionarischen Lebens und Wirkens. Sein Motto: Freude ist eine Liebeserklärung an das Leben. Wer mithilft, die Schöpfung zu bewahren, baut Brücken in die Zukunft.